Trivial Pursuit

ULTIMATE PUZZLE BOOK

TRIVIA-BASED WORD SEARCHES, JUMBLES AND CROSSWORDS!

Media Lab Books
For inquiries, call 646-838-6637

Copyright 2020 Topix Media Lab

Published by Topix Media Lab
14 Wall Street, Suite 4B
New York, NY 10005

Printed in the U.S.A.

ISBN-13: 978-1-948174-36-7
ISBN-10: 1-948174-36-7

Licensed by:

IT'S TRIVIA TIME

Work your way through hundreds of puzzles based on
classic *Trivial Pursuit* questions! Only true trivia buffs will be
able to finish all three puzzle types without peeking at the answer key.

TABLE OF CONTENTS

FUN FACT

*The inventors of
Trivial Pursuit were
inspired to create the
game while playing
SCRABBLE together.*

Entertainment

Movie junkies and couch potatoes rejoice! This section is for you.

 **ENTERTAINMENT**

At the Movies

1. Which bearded Kiwi directed the *Lord of the Rings* film trilogy?

   _____

2. Which actor, frequently cast in Wes Anderson's films, was the director's roommate at the University of Texas and helped him write *Rushmore*?

   _____

3. Which actor portrayed Bumblebee's pal Sam Witwicky in the 2007 summer blockbuster *Transformers*?

   _____

4. Which actor/director founded the Sundance Film Festival?

   _____

5. Which *SNL* alum was the target of a Jimmy Kimmel "Mean Tweet" that snarked, "I was glad he got shot in *Zombieland*"?

   _____

IWEOLONWSN

YBRMAULLIR

APNOTEJRSEKC

EOBEORTFRDRRD

AOIBESUHFAL

BONUS
Which two Oscar winners for Best Actor share the same surname, but are not related?

1. Which 2004 tear-jerker starring Ryan Gosling and Rachel McAdams ran into trouble when the stars didn't get along?

    _____

2. Which film was Jon Stewart's directorial debut?

    _____

3. In the 1975 film *Jaws*, which brand of beer can does Captain Quint famously crush?

    _____

4. Which 1984 paranormal comedy was rebooted in 2016 with four women in the leading roles?

    _____

5. In which city and its suburbs does *Ferris Bueller's Day Off* take place?

    _____

ETSOAWRRE

GSTENNAAAARRT

GSRBHOESUSTT

AGICHOC

TTEHOOKEBON

What a Character

1. Who is deputy director of the Pawnee Department of Parks and Recreation?

   _____

2. Which suave Brit first won over U.S. audiences as a *Robert's Rules of Order*–quoting kingpin in HBO's *The Wire*?

   _____

3. Which actress was a series regular on *The Mary Tyler Moore Show*, *Golden Girls* and *Hot in Cleveland*?

   _____

4. Who portrays the Dowager Countess of Grantham on *Downton Abbey*?

   _____

5. Which superhero has an alter ego reported to have the social security number 092-09-6616?

   _____

EMIGSGIATHM

KLEENSLOPEI

EPRUANMS

IDLAIRSBE

TTYWEBTIHE

BONUS

What is the name of the relentless cyborg played in 1991 by Robert Patrick in Terminator 2?

1. Rigsy, Rump and Rassmussen are all characters on which long-running BBC science-fiction favorite?

   _____

2. What crime fighter drives a weapons-laden Chrysler Imperial Crown nicknamed "Black Beauty"?

   _____

3. Which Broadway and screen legend starred as Mary Poppins and Maria von Trapp?

   _____

4. Which animated characters are just "three apples high," according to their creator, Belgian cartoonist Peyo?

   _____

5. Before he starred as the titular character in *Castle*, Nathan Fillion played Captain Malcolm Reynolds in which sci-fi/Western mash-up?

   _____

NERRTNEEHOG

HOTCOWODR

UFSMRS

JUSLARNIDEEW

LFYIFRE

Music Masters

1. Which composer was the first person to score an EGOT by winning all four major American entertainment awards—Emmy, Grammy, Oscar, Tony?

   _____

2. Which platinum-haired powerhouse fronted the group Blondie through a career that began in the '70s NYC punk scene?

   _____

3. For which 1996 hip-hop classic did Tupac release a video that's a parody of *Mad Max* set in an Oakland of the future?

   _____

4. Which band's debut album is titled *Ten*?

   _____

5. Which Canadian-born singer was Oprah's most frequent guest, appearing 27 times in the 25 years Winfrey was on TV?

   _____

NAFIOLAIVOCLRE

IDGCDARHERRORS

CINEOILNED

YBHDIEAREBR

MLRAEPJA

1. Which "brother-and-sister" duo covered the Dolly Parton song "Jolene"?

   _____

2. Which 1980s goth band broke out of the genre and into the mainstream with poppy tunes like "Friday I'm In Love" and "The Love Cats"?

   _____

3. Which now-deceased rapper had a No. 1 album on the *Billboard* charts while he was in jail?

   _____

4. Which zany, prolific composer famously warned us, "Don't eat the yellow snow"?

   _____

5. Which country music singer and songwriter played football in college and tried out for the Kansas City Chiefs?

   _____

AAUKPSUCRTH

IRPTSETIHESW

TCUHERE

ATSNHMU

RNFAAKAPZP

BONUS

Who is the corporate giant that invented the first portable cassette tape listening device?

The Perfect Host

1. Which "Frat Pack" comedian was Conan O'Brien's first and last guest on his short-lived stint as *The Tonight Show* host?

   _____

2. Who took over as host of *The Daily Show* when Jon Stewart left?

   _____

3. Whose voice introduced the *NBC Nightly News* with Brian Williams each evening?

   _____

4. Whose 2014 Oscar award show selfie became one of the most retweeted photos of all time?

   _____

5. Which talk show host introduced the first "Lip Sync Battle"?

   _____

BONUS

Which city played host to the first season of MTV's The Real World in 1992?

MEULIOASCDALGH

TRAHRNOEVO

WLIERLLLFRE

LNJILMFMAYO

ERLLENEENSDGEE

1. Who was the first African American actor to anchor *Saturday Night Live*'s "Weekend Update"?

   _____

2. Which alum of Jon Stewart's *The Daily Show* launched her late-night satire show *Full Frontal* in 2015?

   _____

3. Which reality television series did Chris Harrison first host in 2002?

   _____

4. Which '90s talk show host starred as Eddie Murphy's sidekick in the movie *Coming to America*?

   _____

5. Which late-night host played a hooded spy in the 2013 film *The Hobbit: The Desolation of Smaug*?

   _____

AALEHRNSLOI

EHELHCICAM

OEHCBRELHTA

TNAAMAESHEB

RHNBCPOLTSETEE

Show Business

1. Salt-N-Pepa appeared in a Geico commercial singing which of their songs?

   _____

2. Which 1970s pop star wrote the State Farm Insurance jingle "Like a Good Neighbor"?

   _____

3. Which actress built a multibillion-dollar consumer product startup called the Honest Company?

   _____

4. In the 2015 film *Jurassic World*, which singer has a cameo holding two trademark margaritas?

   _____

5. Which watch brand "takes a licking and keeps on ticking"?

   _____

JABLSICEASA

BAMRROYINWLA

MIJMTBUYTFFE

MTXEI

SUPTIH

BONUS

Which sweet treat "melts in your mouth, not in your hands"?

1. Which artist had the fastest-selling album of 2015, moving 3.38 million copies in its first week of release?

   _____

2. Which former Spice Girl has a successful clothing design business?

   _____

3. Which deep-space TV drama's clamshell "communicator" inspired Motorola to develop the first handheld phone?

   _____

4. Which popular video messaging app surpassed Twitter in 2016 with more than 150 million daily users?

   _____

5. Lady Gaga teamed up with which famous crooner to sing "Baby It's Cold Outside" for a Barnes & Noble bookstore commercial?

   _____

LDEEA

EENNTNTYTBO

RATSERKT

BAREHCMAKOIVCTI

NPAHATSC

Competitive TV

1. Which heart-wrenching hit by the duo A Great Big World first got noticed in an episode of *So You Think You Can Dance*?

   _____

2. Which *Hollywood Game Night* host's 2015 sitcom, *Angel From Hell*, was canceled after its ratings also went to hell?

   _____

3. Which television personality is known for his catchphrase "Make it work"?

   _____

4. Which funny woman came in fourth on the reality show *Last Comic Standing* in 2007?

   _____

5. On which reality TV series do teams confront roadblocks, U-turns and detours?

   _____

MSNSHOEATGYI

AJLNECHNY

GCIETAAZNAEMHR

IUGNNTM

AEHRMMYSUC

1. Which journalist was crowned Miss America in the late 1980s representing her home state of Minnesota?

   _____

2. Which TV variety show star tangoed away on *Dancing with the Stars* to become the oldest winning champ in 2009 at age 51?

   _____

3. Contestants on which long-running TV competition have one goal: "To outwit, outplay and outlast" one another?

   _____

4. Which was the first series in the *Real Housewives* franchise?

   _____

5. Which *American Idol* runner-up in 2003 was an also-ran on *Celebrity Apprentice* in 2012, losing out to Arsenio Hall?

   _____

YSNMNDONODO

AEHRSOTECCNRLGN

VIVRUOSR

AONROUCNYGET

ICANKLAEY

We Got the Beat

1. What is the title of David Bowie's final album, released two days before his death in 2016? _____

2. Which pop star started the halftime show of the 2015 Super Bowl atop a 16-foot-tall, 26-foot-long robotic lion? _____

3. Which Man in Black sang a painfully beautiful cover of Nine Inch Nails' "Hurt," one of the country legend's final hits? _____

4. Which camera-shy Australian singer scored her first *Billboard* Top 10 hit as a solo artist with her song "Chandelier"? _____

5. Bob Geldof, known for his humanitarian work with the charity Band Aid, first became famous as lead singer of which band? _____

6. Which *Law & Order: Special Victims Unit* actor first gained attention as a successful, though controversial, rap artist? _____

7. Which reggae star appears on most of Massive Attack's releases?

   _____

8. Which bluesy singer got $7,500 for her Woodstock gig, wowing the crowd with "Piece Of My Heart"? _____

9. In 1967, which female singer became the first African American to appear on the cover of *Rolling Stone* magazine? _____

10. Which long-disbanded group reunited to perform during Bill Clinton's 1993 inaugural ball? _____

```
W O M A J K E S E S J U F X E S R U K
E M K A A Y A H G K K B J F A J E L B
Y S X Z N H S K V O M M M H A R N G I
U E K T B W E E B P G L U N A T R F T
K R W G K O Z F B I U Q I T J T U L P
A C M F I G D A N Z D S S Q E R T E D
I M J G H T T S I Q J K B Z H V A E Q
Y C A A D K E M J O C Z Q U V B N T J
T D E K B G T P P A Z F T F R Z I W K
S A N T T U T L L P T O W F F E T O X
P S B A L H I B S Q A W W F I E O O L
Z D F H E N E H S A C Y N N H O J D K
I N W E U C Z B K A T Y P E R R Y M F
E U J H V U A V O U T S C Y O O X A W
A Z S N D M P R X O C P O K U K X C K
Z H X H S C X N O U M C J W R V K J M
Q M Z K U I U H S H E T J H P F O E Z
G D N X T C S J D Y D Z O S H Z X R H
P L C H E B I H V P H L X W Y W H W M
X F I X Q I A F N D G M Y L N R N E W
K K L P U W V N Y U V G W C F R N C L
E T H Q U V N V P F D P L J V O A U C
T S W P E W N M D J A B O C E W L T N
U R L I E L P Y G O I R N Q T U M E S
```

Exciting Episodes

1. Which TV law drama began with a slap in 2009 and ended with a slap in 2016 after its seven-year run? _____

2. Which Netflix series stars Steven Van Zandt as Frank "The Fixer" Tagliano, a mobster hiding out in Norway? _____

3. Neil deGrasse Tyson added his own brand of nerd charisma to the 2014 remake of which popular 1970s TV series? _____

4. Which villain in *The Walking Dead* harbors a child zombie in his closet? _____

5. Which San Francisco-based sitcom introduced us to the pint-sized Olsen twins who played Michelle? _____

6. Which infamous *Trivial Pursuit* misspelling became a punch line in the "Bubble Boy" episode of *Seinfeld*? _____

7. The creators of which iconic HBO mob drama added a gun to its logo so people wouldn't think it was about opera singers? _____

8. In which TV series do the numbers 4, 8, 15, 16, 23 and 42 recur enough to inspire fans to play them in the lottery? _____

9. Which Academy Award–nominated actor made a 1999 cameo on *Sex and the City* as one of Carrie's dates? _____

10. Which TV show's 522 episodes were aired on FXX on August 21, 2014, and played for 12 straight days for your binge-watching pleasure?

_____

```
O L U I O Y N Y S Y S E L H I H Y L A
S W I P S T G X Q O S F L F I I W R C
L P I L Z H Z V N Q G I N Y B V O Z S
T N O D Y J Q A L W Y W Z R S D M X C
X Q L O T H R M G O S D S O M S O C X
I D Z H M P A O V F N O T M G R U I E
M R Q L O N V M N Q G O T W U K W E C
U V D S W E S P M K M G C F N N C Z E
H A E Y R O I E U E H E L K W C P Q F
R H C N P Q I L O D R H X S V D S E D
T E O M Z S A U U L I T I A M H N G Q
Q R P M Z W T T H Q R F O L Q R Z B P
Q O F O V H E C G W B U T L B G Z L D
B U Y I O U S S T L E L S N U H F T H
L E X W U C X V S F O L M Q L I C K L
N C Q D L Q Y O O F C H H V Y T G N I
I M J P I E D E L S Y O T K H I P L V
C M L Y I B B G L N R U X X Z F U C I
O P F L A B P K C D E S I X N L N W L
T O B B D U O K G M A E Q C M V Q A B
T H E S I M P S O N S R M U L M D B C
K J U X H W Z N Y S K R B R E J Z E L
J Z M V K J C G Z M J R C E L F P T Y
C R G K G Y X P R E Z E O W W T J U C
```

Feature Films

1. Which med student's travels, before he became a Marxist icon, are celebrated in the 2004 Oscar-winning film *The Motorcycle Diaries*?

   _____

2. Which beings, according to a yule movie, "try to stick to the four main food groups: candy, candy canes, candy corns and syrup"?

   _____

3. Tom Cruise is called "Maverick" in which film? _____

4. Which Hitchcock film was the first American movie to show a toilet on the big screen and allow the audience to hear it flush? _____

5. Which actress claims she cried when she was shown her wardrobe for the role of the monarch in the 2006 film *The Queen*? _____

6. Which actor appeared in *American Graffiti* before starring in *Star Wars*? _____

7. In which Kafka-esque cult-comedy film do the characters work for Initech and run TPS reports? _____

8. Which part did stuntman Glenn Ennis play in the award-winning film *The Revenant*? _____

9. Actor Joseph Gordon-Levitt portrayed Bruce Willis's younger self in which time-tripping hitman flick? _____

10. What is the first anime film to win an Academy Award? _____

```
G R T B O F D D U E J K K J U C D O O
L V S N G N Q A F N N B I R H R D F H
L Z S O B X W F O W Q U F E O Z V F C
S P I R I T E D A W A Y G F R U N I Y
S Q E L V E S H E O B U N P J B Q C S
Q H L C Q R Q T O O E O D T O I E E P
W J N Q E N J Q A V S H N I A T M S T
H J U P V A Y G A I V U G P L M C P U
V E O K A U R R R T Q M M B X I E A N
E O L Z D E A R A E B E H T Z H D C Q
L M L E X T A W L U U D V K T C Q E A
X T O W N H R Q L U R T Y A B M M O B
U O I Y Z M C Z V E B P I N R D Y J J
N W W I J E I Q H Z B V I L N K C W A
P L G U T X G R X I T I B B F D H Q X
F D I M U V C Q R Z C U K H S T L Y U
K T D B O V W K I E P O Q Y A O S J W
E B H K O Z O X J P N M Y I A S A Z N
G T A C S V N N W Q T D G W Y J M M J
H F A Y K V W R Q D D P W L M B I T J
V P J Q B L P X W L R U S G H D S S U
D G T F L U U D W H H Z Q H O O X S X
V J T X X G X Y H Q N F L Q I O N K I
Y K W A B X A R A L J B P O R J K F U
```

All the Animals

1. Which breed of pooch is Stella, Jay Pritchett's dog on TV's

   Modern Family? _____

2. What's the name of Ross's annoying pet in the TV show *Friends*?

   _____

3. In the Pixar blockbuster *Brave*, Merida's mother is turned into

   which animal? _____

4. Which insect lends its likeness to the name and logo of Lorelai

   Gilmore's inn? _____

5. Piggy Island is a location in which movie and game? _____

6. What is the family name of the *Duck Dynasty* clan? _____

7. In which children's TV series does a young pig live with Mummy Pig,

   Daddy Pig and younger brother George? _____

8. Which pesky creature became an internet favorite after it was filmed

   dragging a slice of pizza down subway stairs in New York? _____

9. What is the name of Rapunzel's chameleon companion in the Disney

   film *Tangled*? _____

10. On which animated 1960s TV series were the

    household appliances powered by animals?

    _____

BONUS

In the film Jurassic Park, where did the dinosaur DNA come from?

```
T G N Z V Q R D I A H Q S F G U P V G
Z H N O U L M F N N D C S R E Y R B Z
F D E F S L M G O E S J P E F Q B G K
P N T F R T R T F E A J Y N R V J I U
S D B C L Y R B O Y E S J C N X S P B
M Z U C B I Y E F J R L C H V E J A O
E J N I D N N H B C I H F B W A O P P
J M R I Y U K T M O B Q C U U L D P F
A D C H O Q G V S D R N Y L X M X E B
S K E R I B W X C T K B S L T N S P B
Y L F N O G A R D W O C T D F F Y R D
K P Z I N H H W Z L V N W O O Y J Q N
M R D Z O I V G E V P V E G Y X C N Q
T E V L P A S C A L K Z J S G Z N E U
V B M E Y V R T V W V B I B H Z Q U P
N U E D T A U L Z T J C W Q E H W K Y
A X M E M B U V A K C L I F A Q A C
V M R A U R L Z K P O I I B T Z R T X
Z H K P D K M F J B V N J C Q T E S A
X T V F A N N R G I Z S F N N E W M X
O M Y Z C P J M O U O A S C R O P O D
U Y N I K Q W F B X R H Q C A R W M G
P I T W R N C B J P P X M U T R V H T
V R F X Y R K G L R W G H A V A I Y Z
```

Snap Back to Reality

1. Which restaurant chain, founded by Mark, Donnie and Paul Wahlberg, is the subject of an A&E television series? _____

2. *The Devil Wears Prada* is loosely based on the author working under which real-life magazine editrix? _____

3. Which singer and reality show judge got his start singing the standards in the movie *When Harry Met Sally*? _____

4. Which MTV reality show featured Ashton Kutcher pranking celebrities? _____

5. Which American memoirist was convicted of a felony for money laundering and turned her time in jail into a hit Netflix original series? _____

6. In which quirky Fox sitcom did Prince guest star as himself?

_____

7. Which actor, whose father was a janitor at Harvard, coauthored a screenplay about a gifted janitor at MIT? _____

8. Vicki, Jeana, Lauri, Jo and Kimberly are the Real Housewives of where? _____

9. What is the ancestral family name of real estate mogul and reality TV host–turned-president Donald Trump? _____

10. Fans of which long-running reality TV show voted "Boston Rob" Mariano as its all-time greatest contestant? _____

```
P E R W A Q P Y A N R H U Z B G U S L
W Q Q J H E F I P O J X U E V R R G W
V W R Z K N U W P T Q Q D S T E M D K
O N Y L Q C X B N E E H A G J A G P
L Q M H R C I P O A R X B R W L A R G
A J S K B C F N U J V K U L F A I R J
F E G V K Z U K N Q R B E Q I J D W H
B T A A Q A N U Q O L G F R S A T A O
Y C B N Y R W Q F H C H R W M B U X G
Y L J W F R T O A P W Y W F R A K S L
W O K C Z G O W H Y M L R R T M N V Y
B N J R Y X H Y M T N U V R M T I W F
I N R V J U D Y X N P Z R B A Y U V M
X J B C U W K I Z U I B I D L H W A D
H U E A E E N A U O Q W B L H X E W E
I Y N U B W U Z X C K G A M M S Q F W
T T A M S O P O L E T Z Z J U T Z F K
U T F Q E O K Y M G E Y J R K D F I K
M K F I Z G S V L N F E V U V T W B F
E F L L F C A N N A W I N T O U R R L
W D E T Z M Y V R R V L R I G W E N Y
G W C T J N X E P O N Z Y N H G Q D K
J J K D H E P Q R E O U H T P U K O Y
P O K M R K D G B M I L C T W A B Y C
```

Modern Times

1. Which company was the first to launch an online rental service that revolutionized the way we watch movies at home? _____

2. Which music-streaming service shares its name with the first human woman in Greek mythology? _____

3. Sir Jonathan "Jony" Ive is responsible for designing which popular mobile device? _____

4. Which Kardashian's 2015 book, appropriately titled *Selfish*, is 455 pages of her own selfies? _____

5. What is the better known name of Hollywood gossip blogger Mario Armando Lavandeira Jr., who calls himself the "Queen of All Media"?

_____

6. Which heavy-metal heavyweights sued the music-sharing site Napster for copyright infringement in a landmark case and won? _____

7. In which medium is *WTF with Marc Maron*, in which the comedian confronts celebrities with the really tough questions, produced?

_____

8. Who was the first passenger to ride with Jerry Seinfeld in his web series *Comedians in Cars Getting Coffee*? _____

9. Which Oscar-winning screenwriter wrote the techy films *The Social Network* and *Steve Jobs*? _____

10. A broken laser pointer was the first item to ever be sold on what auction site? _____

```
B R P U T X T F P L C N P F E E B V L
L O R Z R S Q M A E V N V U I Z T H N
S B C B A K E R K J R S T N X D U R R
J V T C D U R F V J F E C Y C Y C J R
B T D Y O Y T U T Q I Y Z Z J C U B N
S O C C D W O D L J P O R H L L E Q N
P O E A C I L L A T E M Y Y I S T L Z
W O V K G C X H D Z T L U Z I L O C E
S I S A X M V J E T S V V J W V T P W
D A N E E I B P R U G O O C Q N Q O M
W X L C A Z L W W F T K W S C D Q W N
T F V J R E I F I P H O N E H O Y H A
V Y A N O E B M T Z M I N K S L T L A
U V I R D F K C D E V R E S E W H J R
H P I X N W L Y T R N F K F X Z B T O
E S M S A O A N E X D X B K G R P N N
Z O Y W P E R Z S U M Q N J C C S K S
M O T F K B Q U I Q F G M T G G N X O
I T B M H B E S Y U C H G A Z E M A R
O E O S R I S B S J D Q C I K E B K K
S N Z B B Z K V A T A A V J I N S L I
N F N U V U Q C E Y B Z T I M K S H N
P M H Q V D H V S E T S J P G S X Q
N G R P M E Q P W G D E B Y I E R K E
```

Talk to Me

1. Which article of clothing did Michelle Obama announce she doesn't wear anymore, on TV's *The View*? _____

2. Which late-night TV host aired a special live episode, the first for NBC, after Trump's speech at the 2016 Republican National Convention?

   _____

3. Which activity brought late-night host James Corden a great deal of attention as he carpooled with a host of celebrities? _____

4. Which late-night talk show host was voted "Most Likely to Replace David Letterman" in his school days? _____

5. Which actress is the offscreen narrator of the TV show *Gossip Girl*?

   _____

6. Who was the musical guest of David Letterman's final *Late Show*?

   _____

7. Which actress did Jimmy Fallon challenge to a lip sync battle that became the most-streamed segment of *The Tonight Show* in 2014?

   _____

8. On which NBC show was the rich baritone voice of Don Pardo heard introducing the cast members for 38 years? _____

9. Which former cohost of *The View* first appeared on television playing Olivia on *The Cosby Show*? _____

10. Which member of Jimmy Fallon's house band was *Time* magazine's choice for Coolest Person of 2013? _____

```
W F V Q Y S M H F F I C F K F F T J A
V X X N L W A M R E Q E W I C B O P O
E C Q R K V H M A D U C W Q E P U T M
W R J G E E T O C D E T Y U U D H K B
E X Y O M T H H J C S J Y B J T I J F
L E O S T X Q E T Y T M U R G T T R V
P Q W V X Y Q T P S L E W D T I M Y O
L Z G G X K A N R X O N E L D L M X S
D M V L M V Z E Q D V O O B W P F H T
C B R C W T Y B W G E M D T Q O H F P
X Y F B K E Y X A L E Y N N J P Z E K
O B K V M K M J G H Q S R I H E W R Q
B N Z H L S E Z I I J N I P Q Y T O F
C D T K A B R M N I U E N S J D D B R
G E A F H K K E M T L V L R X O S H E
S R X N H A Y M T A P A N T Y H O S E
M T W V R G Y N Q H S R K Z H Y B O Z
J I M A H F R C E O G T E X Y Q Z T D
L U O S A G D W K T E I O F C T B Z O
E K Y L J T Y R F T D F N P E S Q Z
E M L P V D G B P X C E I O E O Q K P
E O W P Q K I G R G B H Z N O D Q K C
N E N L L E B N E T S I R K F F S H O
D X F R M D S O L N S V L G A P W T D
```

Leading Ladies

1. What fiery, female comedy legend was responsible for saving *Star Trek*? _____

2. Who is the first woman to win the Oscar for Best Director? _____

3. What model car did Thelma and Louise, the ultimate road-trip chicks, drive into the Grand Canyon? _____

4. In 1984, which DC Comics character became the first female superhero to land her own movie? _____

5. Which *Saturday Night Live* alum both penned and appeared in the 2004 film *Mean Girls*? _____

6. Which Grammy-winning pop star is "all about that bass"? _____

7. In which Quentin Tarantino film was Uma Thurman's character cast as "the deadliest woman in the world with a knife"? _____

8. Which international pop sensation was the drummer for the band Breakfast Club before she broke out as a solo star? _____

9. Which comedian, known for her Tarzan yodel, received a Lifetime Achievement Award at the 2016 SAG Awards? _____

10. Which actress is recognized for her humanitarian work as special envoy of the U.N. High Commissioner for Refugees?

_____

```
B J J G V R M T T E N R U B L O R A C
B Q J C Q K E L Y C T D B D S G N S A
I Y H R J G G H L G M U K A V A X N B
F Z O A V X H S W A L X G R M B G C U
K B H U C G A P M O B Q D O U E Z N N
Z A N V A J N A Q W E E W O L J B S D
B R T Z Q M T G W K A R L I C Z J Q R
A G Q H T G R H N H E L N L M Z B W I
H Q D W R A A R Q P N A O M I I V T B
U I H H P Y I U U M J I W A G C O B R
E C F V X Z N S D O D W X D M E U Q E
Y O R Q X V O B L M H T J O G H I L D
D L H S Y J R I I W I I W N O O W V N
I Q R H E R E I L G Y A O N J R T U U
I T R Q H T G M M F E Y Q A N T V R H
K N N T C X A M H G H L A G F O D Y T
V M A T P Y R X Z N G Q O S Z E F F E
R M D E O Q T K J G B E I W Y O H L H
U B A A A Y T I D D T D W R D H O J E
K I L L B I L L F D W D Y H T W E R
M Y D M G L P D G A W I I Y D L H F D
N J Q F J Q K F Q D F E N G X F M G R
B A W M Y O W W Y E C E Z F Y M D F Q
T R Q M D W G N T E C U Y M V C B Y P
```

Are You Hip?

1. Which rap artist was born Shawn Corey Carter? _____

2. The sequel to which movie, with glee-ful tunes like "Thong Song," made more money in its opening weekend than the first film made in its entire run? _____

3. Which newcomer created the hip-hop jam "Watch Me (Whip/Nae Nae)," spawning a viral dance craze? _____

4. What is the stage name of rapper O'Shea Jackson? _____

5. Who called *Hamilton* "brilliant...and the only thing that Dick Cheney and I have agreed on during my entire political career"?

   _____

6. The "Weird Al" Yankovic tune "White & Nerdy" parodied which 2005 rap lyric by Chamillionaire? _____

7. Who was the first female rapper to appear in concert at Yankee Stadium, singing "Monster" with Kanye West? _____

8. Who starred in the Canadian TV series *Degrassi: The Next Generation* before changing careers and becoming a rap artist? _____

9. Which Aussie rapper, born Amethyst Amelia Kelly, renamed herself in honor of her dog and the street her family lives on? _____

10. The 2015 biographical hit *Straight Outta Compton* memorialized which popular 1990s rap and hip-hop act? _____

```
P X T K M A H F Z E J V Y Z X H A U O
A S D N S K E J L N D T T L G A E I O
K C R O T K W T X A R G C P V I W S R
K W F Z L C R F B I M B V Z S R K M U
D C G H G C O J D G V N S M C T Q Z O
I Y Q I O T Q N C D Q K I V D H X K O
A G E M X T I L K G C K L H Q E Z N G
P A G R F D C E K A R D E T S I R R K
F A T Y I Z C E Z J Y H N I W H Y K P
I I I R A V S H F H T A T H U I D A H
G S A X C Z G L U R F B O Z C S G M W
X Y I G D I A F Q Z E E B E N L S A A
B Q V P U P Y L R P B P C Z K D V B A
S D B S R J D H E R Z U H N O R Z O O
A W Q C D P N J V A B Y G C Q B O K W
V S H S I E D V F E H Z A X T I B C L
M F W Z H S X O W E Z D P J Q I R A U
R Q K U N U A C O A N C Z V H N P R W
X A R S W N U Y R G X V I N S S R A T
H S R V A H Q W H W F T D G O M Z B Z
Z T B G P O S J O F H C C O T U E G E
F D T R B X A P J N I C K I M I N A J
Z W V M H I O A Q M Z J W F R A E P S
Q O G O X O B V B I F L K W E B B N M
```

Space Race

1. In the television series *Battlestar Galactica*, what is the mythical 13th colony? _____

2. Which 2013 film featured an ill-fated expedition to Jupiter's moon Europa in search of life? _____

3. Which actress stars in two intergalactic films featuring Matt Damon: *Interstellar* and *The Martian*? _____

4. What is the name of the spaceship in the movie *Alien*? _____

5. In *Star Trek*, the Scotsman Montgomery "Scotty" Scott is the chief what on the *Enterprise*? _____

6. What astronomical phenomenon features on the logo of sci-fi television series *Heroes*? _____

7. Who played stranded alien Thomas Jerome Newton in the 1976 science fiction film *The Man Who Fell to Earth*? _____

8. In *Star Wars: The Force Awakens*, how many lines does Luke Skywalker have? _____

9. Which legendary Dutch actor famously portrayed the android Roy Batty in the iconic sci-fi film *Blade Runner*?

   _____

10. Which Epcot ride featured a 3D sci-fi musical that stars Michael Jackson as the lead?

   _____

BONUS

In Star Wars: The Force Awakens, who carried a piece of the map throughout the film?

```
W O R I I U Q K E E Y H P A E H N S Q
D R E X V M S K L I M U R V T I V O F
P J L N G C L N G M G G Q R L A B F L D
S L Y P I J O N F T C J T T I Z V A D
E U Q H H A H B L G K A S V K B Q R J
F X Q Y E T T W B E O A L A J E I E O
I S R D R U J P P D H G K L G K C R
N X T A A Z R C R Q F Q M V H L R
T Z E C N S S O A C Z Z N E L D J I T
M C P Y P Z J C P M Q G Z U K B J P O
Y G O Q S G I B F A F G P D W X X S S
B U S C S S N O S T R O M O S Z F E K
J J J R S A H L Z G A E R K S B M H H
W T U E F K O M B H C U P P V P D O X
V K J E B R Y C J A T T S O T M Q D I
I L Z N Z E R O D G D O E F R G I S H
E R W I K C B L E C F M G N N T B E A
O N A G W B F R E I W O B D I V A D Z
J S B N E Z H R D K Y S G L B F U C O
V Y X E N A X Z B I W B H M M W W L M W
B T H Q U K W R L O Z Z P W A J L P E
U O I E Z R G M D D Q F H Z O M Y A S P
Z S R K G X R U T A W Q A T G Y Y V R
C S B S Y M E I O L Y E S Z Q Q G B O
```

Chills & Thrills

ACROSS

1. Which HBO drama's first season follows two conflicted Louisiana investigators pursuing clues about the "Yellow King" and "Carcosa"?

4. Which electronic musical instrument emits the eeriest of sounds and is the only instrument played without touching it?

5. Joss Whedon, the genius behind TV gems *Buffy the Vampire Slayer*, *Firefly* and *Angel*, has his own universe, named what?

11. What's the name of Eric's vampire bar in HBO's steamy supernatural series *True Blood*?

13. In 2016, Lady Gaga snagged the Golden Globe award for Best Actress in a Limited Series for her role in which season of *American Horror Story*?

14. Which bizarre, low-budget horror flick stars an Esperanto-speaking cast, led by a pre-Kirk William Shatner?

15. Which director has cameos in his classic films *Halloween*, *Escape from New York* and *The Thing*?

16. How many characters named Heather are in the movie *Heathers*?

18. *The Walking Dead* calls its antagonists "walkers," "biters," "lurkers" and "monsters," but never what term?

19. In David Lynch's *Twin Peaks*, what is the nickname of Margaret Lanterman, who communicates wisdom through a chunk of ponderosa pine?

20. Which horror film star, who died in 1956, was buried in his cape, tuxedo and medallion?

DOWN

2. For which film did Leonardo DiCaprio win his first Oscar in the Best Actor category?

3. Which film's 40th anniversary celebration included a screening where viewers could watch the film from the relative comfort of a floating inner tube?

6. Which "Gone Girl" was also a Bond girl in Pierce Brosnan's *Die Another Day*?

7. Which Ben Affleck thriller is based on the true story of a CIA team that posed as a Hollywood production crew?

8. Which daring Canadian filmmaker plumbed the abyss and took a submersible to the deepest part of the world's ocean, the *Challenger Deep*, in 2012?

9. Which long-running paranormal TV series sparked fans' desire to own a black 1967 Chevy Impala hardtop?

10. In the 1960s, citizens of Point Pleasant, West Virginia, were spooked by which mythical creature with red eyes and wings?

12. To add a sense of awe-inspiring scale, Ridley Scott's two sons, Luke and Jake, were used in an atmospheric scene in which breakout 1979 hit?

17. In the TV show *Mr. Robot*, Coney Island is the headquarters for which revolutionary hacker group?

Sing Along

ACROSS

2. Which music festival was founded in 1991 by Jane's Addiction front man Perry Farrell?

5. Which muppet sang "Bein' Green" at Jim Henson's memorial service, held at the Cathedral of St. John the Divine in New York?

8. Which hilarious cult film follows the comeback tour of a British heavy-metal band whose name is also a medical procedure?

9. Which American singer/songwriter cowrote the Grammy-winning song "Dance With My Father" with Luther Vandross?

12. For which disguise is hit-maker Sia famous?

15. The stage name of one of the Spice Girls.

18. Christine McVie was the original singer of which band?

19. The stage name of one of the Spice Girls.

21. Which small city in Tennessee is home to the 700-acre farm that plays host to arts and music festival Bonnaroo every June?

DOWN

1. The Thin White Duke is one of several stage personas for which musical chameleon?

3. Which hard-rock singer filled in for AC/DC's Brian Johnson during their Rock or Bust World Tour?

4. Which singer's first three albums are named for her age at the time each was recorded?

6. In Seth Rogen's *This Is the End*, which singer gets her butt slapped by Michael Cera before meeting her demise?

7. In which TV series did Ariana Grande first appear?

10. Which Akron-based band arrived on the scene in matching jumpsuits and asked, "Are we not men?"

11. Which British band, considered a one-hit wonder in the U.S., sang the iconic 1992 hit "I'm Too Sexy"?

13. The stage name of one of the Spice Girls.

14. The stage name of one of the Spice Girls.

16. Which electronic dance music duo wears helmets inspired by the film *The Day the Earth Stood Still*, to keep their identity secret?

17. The stage name of one of the Spice Girls.

20. In Psy's hit music video "Gangnam Style," in which city is the posh Gangnam neighborhood?

Acting Out

ACROSS

1. Which actor, who played Fredo in two *Godfather* movies, was in five movies before his death, each an Oscar-nominee for Best Picture?

3. Which actor, who coproduced TV's *Band of Brothers*, was instrumental in getting the World War II Memorial built in Washington, D.C.?

4. Which fictional casino, named for a port in Morocco, is owned by Robert De Niro's character in the Martin Scorsese film *Casino*?

5. Which television series revolved around the lives of the Cohen, Cooper and Nichol families?

6. Which movie took 12 years to film and included the same actors throughout?

8. Which British supermodel is accidentally pushed off a balcony into the River Thames in *Absolutely Fabulous: The Movie*?

12. In the film *Superbad*, McLovin produces a fake driver's license from which state in an attempt to buy booze?

13. One of the three Crawley sisters on *Downton Abbey*.

15. On which website did actress Gwyneth Paltrow first announce she was consciously uncoupling?

16. In which 1990s sitcom do the main characters hang out and kvetch at a diner called Monk's?

17. One of the three Crawley sisters on *Downton Abbey*.

18. At which fictional high school would you find Zack, Jessie, Slater and Kelly?

DOWN

2. Which African American stand-up comic was the oldest cast member to join *SNL* at age 47 in 2014?

4. In which movie did Sandra Bullock and Melissa McCarthy team up as Special Agent Ashburn and Detective Mullins?

7. Who was the only cast member in *The Lord of the Rings* to have actually met J.R.R. Tolkien?

8. Which chart-topping songstress lent her voice to Smurfette in 2011's *The Smurfs* movie?

9. One of the three Crawley sisters on *Downton Abbey*.

10. Which African American actor, known for his deep voice, spent most of his childhood silent because he had a stutter?

11. Which HBO series follows the lives of pals Hannah, Jessa, Marnie and Shoshanna?

14. What was the surname of pioneering film industry brothers Sam, Harry, Albert and Jack?

Everything Else, Pt. 1

ACROSS

1. Which character's last name on *The Big Bang Theory* was never revealed?

5. With which part of his body does Mario hit those overhead bricks and blocks during a Nintendo game?

7. One of Blue Ivy's music mogul parents.

10. Which weekend-spanning cultural event brought more than 130,000 people to San Diego in 2016?

11. Which celebrity gossip outlet gets its name from the "studio zone," the area within a 30-mile radius around downtown Los Angeles?

14. The bands Mudhoney, Alice in Chains and Nirvana were all part of which grubby, long-haired, Seattle-based music scene in the '90s?

15. What kind of dancing competition is featured in the 2012 movie *Silver Linings Playbook*?

17. What iconic costume did Raquel Welch wear for her role as a cavewoman in the 1966 film *One Million Years B.C.*?

18. In which professional sport did Jason Lee make a name for himself before starring in the TV series *My Name Is Earl*?

DOWN

1. Which comedic magician has a daughter named Moxie Crimefighter?

2. Which subject of Tina Fey's pitch-perfect impressions struck back by spoofing *30 Rock* in 2015?

3. What is the title of Wes Anderson's first feature-length film about three buddies who go "on the lam"?

4. Which classic 1950s Marlon Brando movie asks the question, "What are you rebelling against?"

6. Which stop-motion protagonist once quipped to his long-suffering canine friend, "Everybody knows the moon is made of cheese"?

8. One of Blue Ivy's music mogul parents.

9. For which paper distribution company does Jim Halpert work in the U.S. version of *The Office*?

12. Which band member created waves in the music world when he quit One Direction to go, well, in his own direction?

13. In which film would you encounter the characters "Stacks" Edwards, Jimmy "The Gent" Conway, Nicky Eyes and Billy Batts?

16. The music style bossa nova originated in which country?

17. In which season of *South Park* did Cartman, Kenny, Stan and Kyle enter the fourth grade?

Everything Else, Pt. 2

ACROSS

2. Which "king of all media" was fired from many terrestrial radio stations and eventually found a home—and his own channel—via SiriusXM?

4. Who proclaimed himself the "Justin Beiber of the '70s," following up the claim with, "Really, ask your mother"?

8. As a teen, Justin Timberlake appeared on *The All-New Mickey Mouse Club* and what other show that showcased his singing and dancing abilities?

11. One of the three bullies on *The Simpsons*.

12. In Mario Bros. games, what is Mario's brother's name?

16. One of the three bullies on *The Simpsons*.

18. Which FX show takes place in a California town called Charming, which isn't a fairy-tale setting for the bikers who live there?

19. Which 1960 dance hit sits at No. 1 on the *Billboard* Hot 100 songs of all time?

20. Which professional race car driver was featured in the 2008 and 2009 *Sports Illustrated* Swimsuit Issue?

21. Which punk-rock band was the first of that genre to be inducted into the Rock and Roll Hall of Fame?

DOWN

1. Taylor Swift became the youngest person to win a Grammy for Album of the Year for which album?

3. One of the three bullies on *The Simpsons*.

5. What '90s TV drama about five siblings who inherit a restaurant launched the careers of Matthew Fox and Jennifer Love Hewitt?

6. Which Las Vegas casino shares its name with a Lake Como Italian village?

7. Which moody social media sensation, aka Tardar Sauce, became the first feline to be immortalized in wax at Madame Tussauds museum?

9. Which song by Queen was the inspiration for Stefani Joanne Angelina Germanotta's stage name?

10. Which Grammy-winning guitarist toured with the Grateful Dead shortly after their 50th anniversary concerts?

13. In which fictional town in Rhode Island does the cartoon *Family Guy* take place?

14. In which Food Network culinary-improv contest are rival chefs given a basket of mystery ingredients?

15. For which cartoon character was Mel Blanc doing the voiceover while routinely spitting out carrot bites?

17. Which ginger-haired Brit wrote the song "I See Fire" for the soundtrack of *The Hobbit: The Desolation of Smaug*?

FUN FACT

"Trivial Pursuit" was first trademarked on November 10, 1981.

History

"Those who cannot remember the past are condemned to repeat it."
—George Santayana

 **HISTORY**

Blast from the Past

1. Another word for the historical undergarment known as "stays" is what?

    _____

2. Which brand of handheld device did Martin Cooper use to make the first mobile phone call in 1973?

    _____

3. Which germ-fighting mouthwash was once sold as a floor cleaner?

    _____

4. The term "yuppies" was born in which decade?

    _____

5. Which self-rinsing product was invented in 1989 by Joy Mangano, played by Jennifer Lawrence in the 2015 movie *Joy*?

    _____

MLOPARIEMC

TSIEIRELN

SEIIGTEH

LROAOTOM

SROCET

1. Which computer pioneer was fired from his job before returning to launch one of the first digital music players?

_____

2. Who was known as the Wizard of Menlo Park?

_____

3. What fledgling tech conglomerate did cofounders Larry Page and Sergey Brin try to sell to Excite for $750,000 in 1999?

_____

4. Which president shut two runways at LAX so he could get a $200 haircut aboard Air Force One?

_____

5. Which type of candy did Ronald Reagan give to guests at the White House?

_____

EEJALNYSBL

TJSEEVSOB

LEGOOG

AMSEDIHNOOST

NILCLTBIOLN

BONUS
What 1946 Jimmy Stewart holiday movie did the FBI suspect of promoting communism?

Commanders-In-Chief

1. Which opera has a U.S. president and his wife as main characters?

   _____

2. Who was the first U.S. president to be impeached by the House of Representatives?

   _____

3. Which U.S. president celebrated his oath-taking with the first official inaugural ball in 1809?

   _____

4. Who was the first member of the Republican party to be elected U.S. president?

   _____

5. Who said the following about his political rivals, while giving a campaign speech in 2000, "They misunderestimated me"?

   _____

DSNRHNNEOOWAJ

RWHEUSGEOGB

XONCHNANINII

JAMSIEMDNAOS

NOHACLRLAINBAM

1. Which U.S. president signed into law Medicare, the Voting Rights Act, the Wilderness Protection Act and the Civil Rights Act?

_____

2. Which U.S. president was born in Hope, Arkansas?

_____

3. Who was the first Boy Scout to be elected U.S. president?

_____

4. Which U.S. president jokingly said his favorite food is broccoli?

_____

5. Which U.S. president gave the shortest inaugural address, while William Henry Harrison gave the longest, lasting 1 hour and 45 minutes?

_____

BONUS

In a U.S. presidential election, if there is a tie in the number of electoral votes won by each candidate, who chooses the president?

NDEHENONJFKY

OLHNDNSNNOYJO

TGARGOONIENWESHG

NLLTLBNOIIC

ARKCAABAOBM

Making Herstory

1. Which first lady was a reporter and photographer for the *Washington Times-Herald*, earning $42.50 a week?

   _____

2. Which U.S. first lady graced the $1 Silver Certificate in 1886?

   _____

3. Called "the Moses of her people," who was voted to replace Andrew Jackson on the $20 bill?

   _____

4. Who was the first female secretary of state?

   _____

5. Which first lady planted the White House garden 200 years before Michelle Obama?

   _____

HWONNRTTASAGAMIH

HATRTAEURNMIB

EJEEDNIAKYNNCUEQL

BDIASGLAAAMI

MHRNLAADITGELBEEI

1. In 1968 a protest against which annual, televised event helped the Women's Lib movement gain momentum by forcing the media to take notice?

    _____

2. Who gained notoriety for her work with the Parents Music Resource Center (PMRC), an organization that advocated labeling music?

    _____

3. Who became the duchess of Cambridge upon her marriage in April 2011?

    _____

4. Which artisan was hired for the gruesome task of making wax death masks of the nobles guillotined during the French Revolution?

    _____

5. In 1889, which American journalist became the first woman to circumnavigate the world, making the trip in 72 days?

    _____

TEMADADSUUMSA

NEIYBLLLE

TIMEGAAASSIEPRAMNC

DEEKATDIONTML

ITOEEPPRRG

BONUS

Juliette Gordon Low founded which organization to "build girls of courage, confidence and character who make the world a better place"?

International Inquest

1. Which June 4, 1989, Chinese military crackdown effectively ended a vibrant student democracy movement?

   _____

2. The African country formerly known as Rhodesia was named after what Englishman who discovered diamonds there?

   _____

3. Who was South Africa's first democratically elected president?

   _____

4. Which former Communist leader had more than 600 documented plots launched against him?

   _____

5. Which Brit VIP couldn't get French vermouth for his martinis during the war, so he'd pour gin over ice, add an olive and toast France?

   _____

BONUS

Guy Fawkes Day is celebrated in Britain with fireworks and bonfires to mark the failed attempt of the 1605 plot to blow up what?

FSECLIOTDRA

CORWILUNHTNSLCHI

TUENSINMAQAERAN

HLECESOICDR

LELNAEDANSONM

1. Which Italian prime minister was friends with Libyan dictator Gaddafi and known for his "bunga bunga" parties?

    _____

2. What was the name of the celebration to mark 60 years of Queen Elizabeth II's reign?

    _____

3. Which early-19th-century European leader opened the doors for the continent's Jewish populations to live more freely?

    _____

4. What loincloth-wearing activist was nominated for the Nobel Peace Prize five times, but never won?

    _____

5. Which French politician deported large numbers of Roma "gypsies" in 2005, in a move to counter illegal immigration?

    _____

ONEANEOPALTBPNRAO

ASCYIOKSNORLAZ

IGADHNMANDHOAS

VRIBIISEOLNULOSC

EBDIAMLUONEDJI

Civics & Government

1. Who was the first African American Supreme Court justice?

    _____

2. After the vice president, who is next in the presidential order
    of succession?

    _____

3. Who casts the deciding vote in the U.S. Senate if there is a tie?

    _____

4. Who was the first woman to become chair of the Federal
    Reserve System?

    _____

5. What is the practice of drawing electoral district lines for
    political party gain called?

    _____

ENJALLYNEET

NEGYREGRDRMANI

PEEREAHSHEKOFOTSU

TPRSEDIEIENCV

OGAHUATHRDLSRMLO

BONUS
*What do the
letters in NAFTA
stand for?*

1. Who was the first woman on a major-party U.S. presidential election ticket?

2. Which U.S. president is credited with starting the interstate highway system when he signed the Federal-Aid Highway Act of 1956?

3. President John F. Kennedy created which organization that enlists volunteers in unpaid service in developing countries?

4. Which Supreme Court justice earned the nickname "Notorious R.B.G." after she was enraged over a Voting Rights Act ruling?

5. Which F-word is used for the delay of a Senate matter by debate or procedural motions?

EHDRDSENEWIOGHTIW

REFGDOALIRNEEARR

RBGUTHUBAENIDRGRS

EPSCORCAEP

TRBFIEILUS

Battle It Out

1. What particularly bloody World War I battle witnessed nearly 60,000 British casualties in just the first day in 1916?

   _____

2. Which battle put an end to the Jacobite Rising in 1746 and changed Scotland forever?

   _____

3. Which series of wars over the English throne inspired George R.R. Martin's *A Song of Ice and Fire*?

   _____

4. What is the name of the radical democratic revolutionaries who began the Reign of Terror during the French Revolution in 1792?

   _____

5. The 1973 peace treaty between Egypt and Israel ended which war?

   _____

YUWKRPAROMPI

SOTLMTBTAEFEHMOE

SOJIACBN

HWSSRASFTOOEER

CLOTLBUAETOFDNLE

1. In which deep hiding place did 170,000 Londoners seek protection during World War II German air raids?

   _____

2. In 1973, members of the American Indian Movement occupied which painfully historic site in South Dakota to protest reservation conditions?

   _____

3. What were elite Massachusetts militiamen nicknamed in the American Revolution?

   _____

4. Which English monarch was on the throne at the time of the American Civil War?

   _____

5. During which war was Valley Forge a winter military encampment?

   _____

RNYAREVUELIWCMTAOROIRAAN

ENEWODDENKU

ONNORLDUUDRDOGENN

EUINTMNME

AECOUIRNVTEQI

 **HISTORY**

POTUS Probe

1. Which head of state was colorfully labeled "Pootie Poot" by George W. Bush, who had a penchant for nicknaming both friends and foes?

   _____

2. What was the name of President Franklin Roosevelt's legislative project meant to save the U.S. economy after the Great Depression? _____

3. Whose inauguration as U.S. president was the first to be streamed live on the internet? _____

4. Which U.S. president was head cheerleader during his senior year of high school at Phillips Academy? _____

5. Which U.S. president nominated Sandra Day O'Connor to be the first female justice on the Supreme Court? _____

6. What name is given to a military plane specifically equipped to carry the commander in chief? _____

7. Which Canadian prime minister was toasted by Richard Nixon as a future prime minister of Canada when he was 4 months old? _____

8. Which U.S. president, in 1966, declared Father's Day a national holiday to be celebrated on the third Sunday in June? _____

9. Which U.S. president's home was Monticello? _____

10. Which U.S. president's body was exhumed 140 years after his death to test for foul play because his biographer suspected arsenic poisoning? _____

```
I P L G Z G V Z A V G J V M F Y U D X
D P A C N K V G F G Z F K O R J A G H
Q B E S P I E Q T C S B S Y N N E B T
H P D T U J T F M E U E E O T K D I S
N T W J E J D U V Z R B S P K K U L G
K F E T D B Q N P W D N V Z T U R L C
P W N V Y M B Z X R H P U N X U T C Z
E S G E B T H V C O I C H D O S N L U
N O S R E F F E J S A M O H T S I I W
B C Y U T Y B N Q P J H I Y Y X T N E
E R C E D W O E N Q C A Y D Y T S T M
E H O V R D C R D M Q I P C A F U O L
Y N G N N P J L E P C L Z Z X L J N H
R J O Y A M M X Q W Y V H E V A V F B
J Z L E W L Z A C H A R Y T A Y L O R
V Y O J C R D H S U B W E G R O E G O
X E W I N R R R U Q M G S B F S Y T B
O M G P Y M O F E Y M L R C W E H A Y
L C R U Q L F F R A P Y T G Y C Y A O
S J J B X P F C R J G Y O H L D W S B
P X U M N R A M S I S A H T F S G L M
A E F R Z T H H Z K A T N Y A P L K N
S N A G X X G S I M M P N U B L G Y U
W I T I R Y B C K Z N I D U I K M E M
```

Ancient History

1. Which ancient breed of sturdy, small dog originated in Tibet and performed sentinel duty in Buddhist monasteries? _____

2. In ancient Chinese mythology, what fruit was believed to represent longevity and immortality? _____

3. How old is Earth in years—4.54 million, billion or trillion?

4. True or false? Antarctica was once a tropical land with lush vegetation. _____

5. Which historic event celebrated its 2,500th anniversary in 2011, complete with reenactors from around the world portraying Greeks and Persians? _____

6. Which ancestor of modern man was discovered to have the world's oldest tattoos—Ötzi the Iceman, the Chinchorro mummy or King Tut?

   _____

7. What massive dino that ate up to 22 tons of meat per year had arms that were only about the length of a human's? _____

8. Which powerhouse nation can trace its history back thousands of years to the Shang and Xia Dynasties? _____

9. In Greek mythology, the minotaur is a monster with the head of a bull and the body of which animal? _____

10. In which ancient South Asian language is the text of *The Vedas* written? _____

W H S G K G N C L P G W K Z N N C Y H
F K Z K E Q E I D W K G Z U O N F D L
R W H Y I J K B H C A E P H W D V W I
M R X Y V L I J L W X P T A D E V R X
I G Q D E L E R Z F Q A U F X U Z B G
G Q L L L V M D A Q R V I B Y V P Q B
L E Y I T Q Z Z D A X A T T T V I A F
U H O Z Y C N P M T C N B L V B I E K
G N A T R E X F G B A S B E B E S Z V D
R X B S R Q O P L M J X C X J O W V E
R Z F F A E O T Z I T H E I C E M A N
E R U Q L A V J A G A T J G M K N N K
A O L T U U P E C A Q Y W J X K B J I
Y N T D H N U S Z S S X B Z U J S A S
S A I Q T R J P O V V G R J Z V C B M
B V W H T Q Y Z D C H A X E C X U G Z
D L K O C R M T G P T A S R L J G L S
D M Q G H X C W O P P B I T I N S A A
W N T I D L Y B A Q G V Y L E A J P N
T M S B E E E M A R S V B H T M E E S
Z V R K D Z N F Z Z M A W X D U W C K
G E O U Z X Y D U F G W W M B H V W R
A F E U S B H Q P B M Z H K N R Y H I
R H D V W H N X G S Y S R D W W W S T

Big Business

1. "We Never Sleep" was the slogan of which famous 19th-century National Detective Agency? _____

2. In 2016, Ringling Brothers and Barnum & Bailey Circus retired which magnificent performers, ending a 145-year tradition? _____

3. Which company acquired Yahoo! in 2016 for close to $5 billion?

    _____

4. Which company was founded after the merger of Thomas Edison's company with two other companies? _____

5. Which photo-sharing platform did Facebook buy in 2012 for approximately $1 billion? _____

6. What is the Wall Street reform act that became law in 2010 commonly called? _____

7. Which automobile company went bankrupt and ceased production in the United States in 1963? _____

8. Who beat eBay titan Meg Whitman in the 2010 California gubernatorial race, even though she dropped a record $140 million on her campaign? _____

9. Which London department store was started by an American retailer in 1909? _____

10. The letters "S.O.S." on the scrubbing pad packaging stand for "Save Our" what? _____

```
P P V Z G E N E R A L E L E C T R I C
B I S E Q G N S K X Y M Z Y O D G X U
N H N K R P H N Q S V A S G X S J E S
O L Q K Q I A F M Q P R T T Z Y K K V
I T D P E R Z J A M H G U E V M L S M
X D A X F R Y O M Y P A D U K Z C S P
M K L D R A T A N L O T E Y T X I K I
Q C D K S K E O G D J S B J P D D X W
A O S P S W D O N E N N A Z R U P O Q
D D B S S G Q P R S S I K T X R D X U
M J E G O C L R E K T H E T A J F Q M
U U Y X T J Y A N S N S R A M N W I M
B Y J X H B Y I J E U X U U N A J H I
U Z Y S R D N U E B D W G V X P C J G
U E X O T Y E S A K O M G L P H Q C E
B W W V D N G H T Y E N M Y W Y Z J B
Y N N J M W A I J J Q A O F H R X T E
T X I W R K I H V K P W B H J B Z J A
A T L W M Q B L P R S F V B Y O G Y D
Q V R S W S Q C A E S A U C E P A N S
L E X S J U A N R W L D V J D H P Q Z
B S E G D I R F L E S E N I O O N Y H
B F N S N Y E K R W M K E J M M A P O
E K N Z O L Y I T N A J F U S D P S V
```

Making America

1. Which Boston artisan, a member of the first Revolutionary War espionage ring, spied on British soldiers in a local pub? _____

2. What's the Uniting and Strengthening America by Providing Appropriate Tools Required to Intercept and Obstruct Terrorism Act of 2001?

   _____

3. What was the last state admitted into the U.S.? _____

4. During the American Revolution, some top British generals were members of which political party sympathetic to the patriot cause?

   _____

5. Which citizens won the right to vote with the 19th amendment to the U.S. Constitution? _____

6. Which former U.S. president received the first Medicare card on July 30, 1965, when L.B.J. signed the bill into law? _____

7. Which big gift, requiring much assembly, was loaded onto French ship *Isère* in 214 crates and sailed to N.Y. in 1885? _____

8. Which patriotic Bostonian won the acquittal of most of the British troops involved in the 1770 Boston Massacre that killed five civilians?

   _____

9. In 1970 which U.S. president founded the Environmental Protection Agency? _____

10. In which city was the Declaration of Independence signed? _____

```
S E F G M Y M U V Y P R T H B N X S
B T P R Q A V W I H H R I C W N T Z Y
T B A B E S O S H I I S C A O L B M Q
K X S T P V J P L I M I H T M Z B G H
R N M A U M E A D A G Q A O E T Y G I
B G W Z V E D R D V S S R I N Z K R O
Q A H Q W E O A L H V K D R U F H P Q
I D P B L A N F G U T N N T I U F Z N
S C W P Q H F L L J A N I A Q D T R P
F C H D O C H H N I J P X P O G K O M
H I E J V J X Q Q O B S O J K Q O Z I
A W D V K B N W U P G E N W I O N Q O
M N X M V F Y G F I X L R P O E A W X
Y M M N E Z O N R F D J N T V T C T Z
C G E F A R O K X U X I E A Y J X Z M
V N A M U R T Y R R A H K F Y F C V C
V C J H A W A I I Y B K S M E F A R O
N C S Z Z W J J X C U Q Q P L T F D F
I A J Z C Z G G S X G E F Y R Q D O X
V F O K X I K S Y Q R P C V F S D C V
E B O W U D V U E A E U I I F C J F T
H Q I B R U D C I M G J C C F M W Q K
R F D H W G F U P R P C Q A J N I J E
S Y B S G E Y M E H L U Y Z K C V A R
```

These United States

1. The governor of what southern state was deposed because he opposed secession from the United States before the Civil War? _____

2. The beehive, symbolizing industry and the pioneer virtues of thrift and perseverance, was adopted as the official emblem of which state in 1959? _____

3. In which state is the Democratic Party called the Democratic-Farmer-Labor Party? _____

4. Which currency did a Florida judge rule was not real money because it couldn't be hidden under a mattress like cash? _____

5. How many stars are on the Confederate battle flag, which flew for 54 years at the capitol building in Columbia, South Carolina? _____

6. Which canine breed is not only the state dog of Pennsylvania, but was also used by nobility in the 16th century to hunt boar? _____

7. What Italian-American governor of New York, an esteemed orator, was the first guest on Larry King's interview show on CNN in 1985?

   _____

8. Bernie Sanders was the Senator of which state while he gave Hillary Clinton a run for her money in 2016? _____

9. President Carter was caught fending off which animal that swam toward his canoe in a Georgia lake? _____

10. Which state was the first to secede in the lead up to the U.S. Civil War? _____

```
B B U C N J X W A O M T V C A M Z V N
C Y R U D R G A M T G N M X G B I B D
Y Q Q X H V T O J C U D H C V M L J C
O N H U E A U I F J U H J G J G P G L
C Z O M H C R X B K V H W N T D P K Y
F G R L O D X G I B D G J V K L T X V
P O R I C P M P A Q A Y T I A G L N V
W T R E O C G K H A H R F J P O S E I
C A C I A G J G D F M G N I O W A U O
M S C Y E T C V L X O Q U U L L T D X
Z V A I G C D X D H D U R Z F B H B J
V L N T T O Q A C Y N E I A I D I G V
U K I Y H W C L N L W U E T V C R L T
V A L Z T N O M R E V H C Q E N T H I
F C O O W B J L I N A O V B V I E W N
Y A R K F F P V T T I M H L C Z E G I
K J A J J K N V U N Q A Q T F I N P J
D R C O C N Y Q H B M D T R Q X A O E
S J H J O I L P P J D I I V J E D L P
O F T T C A F Z Y A Z O V S X X L N A
D E U G H I W M U N O Z U A F T C X U
F D O M I N N E S O T A Q X H E I X Z
O S S F X Q L R X R G O N E H I Y N E
U E Q B Z L R K U X W N T T J Q T L K
```

Stranger Than Fiction

1. What Founding Father, who died in a duel in Weehawken, New Jersey, had a son who lost his life the same way, in the same place?

   _____

2. Who was Clint Eastwood campaigning for when he chatted with a chair at the 2012 Republican National Convention? _____

3. Millvina Dean, who died at age 97, was the last survivor of what disaster she experienced at 9 weeks old in 1912? _____

4. Which staple of American cuisine was rebranded to show disdain for France's reluctance to support the invasion of Iraq? _____

5. Which form of self-expression was outlawed in New York City from 1961 to 1997? _____

6. Which dictator was honored with the keys to the city of Detroit in 1980, when he donated $450,000 to a Christian church there?

   _____

7. Which silent film star's corpse was stolen and held for a $600,000 ransom a few months after his death? _____

8. In 1919, Boston suffered a devastating flood of which unlikely substance from a ruptured storage tank? _____

9. Which forward-thinking Russian ruler taxed bearded citizens because being clean-shaven was popular in Europe in 1698? _____

10. A petition to build what garnered the response: "The administration does not support blowing up planets"? _____

```
W P K W B J S W Z E L B E N B T T V O
L L Q U Q G D V M D P J L U Z J I C D
C P S E I R F H C N E R F U E Y T E E
R H I S O V W N A Z Y D A S W I A W G
J P A A E I H S F E A V F O S A N O N
C Z X R X M X F W V F L B Y A V I V I
L R Q W L E U M Z E G U A P D K C T O
M A Q U D I Q O A S F A E C D F X V O
P O H Y D R E H Q C U T E O A E H P T
T F L Q Q P F C K F E M Y D M F C L T
S P V A T U Z G H R Z P E F H W Y F A
U C P Q S V G N T A V N W Z U S G U T
I V U Q H S K H T V P Q X C S N S R D
W Y Q W N W E P V V V L C F S C U B T
Q O E N P G T S J A N U I E E Z U R W
O F E N R H A M I L T O N N I U A Y B
Z P V E M M N P J S Q D C R N T T G X
D U A Y L O W V H L C N G R S F C G V
P T M N W C R R E K F K B H R X B F J
P R J A J N X T M F Q T T P S S W K M
H T E B C H F P T R S A H F L F A W M
F S W I J I E K P I E W E U K P P R M
I S N N V W T G O D M Z R X V U O O A
U C H Z X B W Y Y D K O V Y U W O U N
```

Classic Creations

1. In 2016, a plane fueled by which kind of energy completed the first round-the-world trip of its kind? _____

2. What was the surname of the man who built the first rigid-frame, dirigible airship and founded the first airline company, D.E.L.A.G., in Germany in 1900? _____

3. Which American snack giant began business as the National Biscuit Company? _____

4. What creator of a classic sci-fi television series was a World War II pilot who won the Distinguished Service Cross? _____

5. Which former vice president established the Climate Reality Project to raise awareness about climate change? _____

6. The three cofounders of YouTube all worked at which company before founding the video-sharing website in 2005? _____

7. Which five-digit mail-sorting system went into effect in the United States on July 1, 1963? _____

8. Which U.S. city spawned SantaCon in 1994, after its organizers heard about a similar event in Denmark 20 years earlier? _____

9. Which residence of Jane Seymour, Henry VIII's third wife, gave its name to a bestselling book and a BBC series starring Mark Rylance?

   _____

10. Which candy was originally called "Fairy Floss"? _____

```
L L E L O A W W V N A O Q H D Y M Y Z
F K M A H K O Z J G X S S M M M R I E
K R E N B L E E J E Y J K G B R C L P
X F Q D F J R D Z Y M Z M Q E H Y I P
X B C H X E E U O W T Y L B E K P D E
I S A E W U J L W C U A N T R P S P L
R L U G O C U S F E P E U Q O A I U I
L I O C S I B A N Y D I C B G A N H N
O O F P Q I W S A D F J Z V L T P E W
K J M D K M E P O F V I N S A C L O R
C C D Y Q I N R S P Q X R R B F R L S
Q O L A H X E O F S J M R Q F Y W Y
V Y T S A N F R A N C I S C O O A N J
T K X T E S O L A R Z F O E G O K B G
P L U G O V V Y B A I L U P V P N Z A
D R M E E N L O V S O N D H T N W E U
L I P S N V C C G W C O N L I Y A D B
V T D Q Q U Q A P S W Q W C L G J V T
X U P L C U J E N E E M M R O V E O F
L T U C H X K F F D R P D F R A X Y J
M D P W Y E S Z K V Y S E O G C I H U
N E P N P K T T G W P V E W K G S C M
Z T K N C A D Y K R L K W Y D Z N H N
Y J M R M D I V C H I E Q H P R K K I
```

True or False?

1. The United States invaded Canada during the War of 1812.
    True or false? _____

2. President Fillmore installed the first bathtub in the White House in
    1850. True or false? _____

3. The United States does not have a central bank. True or false? _____

4. The first apple pie was made by American colonists in Boston.
    True or false? _____

5. The British monarch is the head of state of Canada. True or false?

    _____

6. Florence Nightingale, the founder of modern nursing, was born in
    Florence, Italy. True or false? _____

7. Meriwether Lewis was accidentally shot in the butt on his historic
    expedition when one of his men mistook him for an elk.
    True or false? _____

8. Barack Obama was the first sitting U.S. president to be awarded the
    Nobel Peace Prize. True or false? _____

9. Registered voters in Puerto Rico can vote in U.S. presidential
    elections. True or false? _____

10. President Grover Cleveland was born in Ohio. True or false? _____

```
J D Z P E E S L A F E H U D C G G H M
S L J V I E B E L R V U X N E S Z R Q
J G M M B O S S Y V D L R G S K D Q Q
T Y W Z S K X L F Y Y S E T L B G X M
M W F A L S E B A A N K P H A M H Z D
D B W K U V M Y H F L G S C F W O A S
I K W H N M B M T T R S S X Q D J M S
M P A N B E F A L S E A E S P B Y F T
S X A U L G P I K B E Q I D V Q I K L
N Q Q L Q K J J M C A R G D B J Z N H
O X Q N T P D H A Z L B W H N Y W H K
C N L R X W I Q T J B C O S A P H C K
Y W U U H Q C M L V T U S P B G M H H
D E M H N D U X A N C U M J E A R J S
C D J G H Y A E U R T M J R T L N H V
V B A Z H B G U Q B E U R T D B N G C
U S V C U X C Z J O A U H E I P Z X X
M E W U N P R R M F K Y I Y P F A J Z
K T N Q G C G M D P N T H L G A A O G
K H W G S O U Q I V A X W D M V Q W R
J R T E N Q Z I Q P K K Q E E S B Z P
F R F D G Z N V N H G U M Z R D S V V
X T S H O D R F M Q B Y S Q Z O G G X
S D Y X T F C M I X H I R G G X X F U
```

In the News

1. What is the name of the massive document leak that led to the 2016 resignation of Iceland's prime minister? _____

2. Which woman was second on *Forbes* magazine's list of the World's Most Powerful People in 2015? _____

3. Which newspaper did Amazon founder Jeff Bezos purchase in 2013?

   _____

4. Which Fox News host famously challenged Donald Trump during a Republican presidential debate in March 2016? _____

5. In which century did the Gutenberg press introduce movable type, which made mass communication possible? _____

6. Which broadcasting network boasts the first female coanchor team?

   _____

7. Which war is portrayed in newscaster Bob Simon's book *Forty Days*, which recounts his capture and torture at the hands of the enemy?

   _____

8. In 2013, whistleblower Edward Snowden leaked classified information about which U.S. agency's surveillance programs? _____

9. The proceeds of which annual White House dinner go toward scholarships and awards for aspiring journalists? _____

10. Which U.S. governor was caricatured as claiming she could see Russia from her house? _____

```
P C A T H Y Y F W H X P S S K V A L W
U Y Z A D V W V T N A K T A D K Z Z A
T P H P V C E N G N H R N R Q V P G S
Y R X A T D E C A X A Y E A A E Z H H
V V L C W E N M L W G M D H O D H P I
X C M E T B A S F J U T N P V R F S N
V O E F K P F L G S P M O A A T T L G
C Z I U A R U N O P D E P L S B L H T
L F U P Q G E X F Y G I S I Q X G F O
I J E N T A M M I O E J E N A T H H H
N R J S Y Z X J A Z D Y R Y G K U R P
S S R O H S H T X L J T R G Y V C K O
O I F O N Q S A N P E M O H E R X J S
F K X N T T Q K S B Y G C T Y C D K T
T U H V C X I O A P R I N S W C Y S P
R A G B P S E N V O D C T A B E X X E
M I X M Q P W I B R V F O G M N D C G
Y L L E K N Y G E M N K R O O S Z I K
W O S D C V F Y C T U K M P N W K Z G
I K G S C Q P D U H E I W D T X V P M
I W P F G B Y Y T H E W Q Y N V W F B
I E Y A S F K T K C C B R Z K L X J F
G X I Q J V B L I W K F Q I C G J V S
D X Z F F E W R Q V J E L W F A W N O
```

Obama Overload

1. Which beer did Barack Obama drink at the 2009 "Beer Summit," with the participants of a racial profiling incident in Cambridge, Massachusetts? _____

2. In what category has Barack Obama won two Grammys, in 2006 and 2008? _____

3. Barack Obama was the first incumbent U.S. president to visit which city in Japan, the site of an atomic bombing in 1945? _____

4. What was Barack Obama's nickname as a child? _____

5. Who sang "The Star-Spangled Banner" at Obama's second inauguration ceremony, in 2013? _____

6. True or false? Barack Obama was the first sitting U.S. president to appear on a late-night talk show. _____

7. Barack Obama was the only non-comedian to appear on *Comedians in Cars Getting Coffee*, hosted by whom? _____

8. What is former first lady Michelle Obama's favorite food—pizza, cheeseburgers, or kale? _____

9. President Obama designated which animal the first official national mammal of the United States? _____

10. Which detention facility did President Obama sign an executive order to close shortly after his inauguration? _____

```
M Y O A P X W K Y L L C S A O O G W T
E U A F V T R G H U P O I V E F J D L
Z N B B K N J X T D W R B P K L B U T
H B Q L O J Z N Y S O F V J C E J Z F
Q R O Z A M X K H R U J T I Y U P H G
W A O I H D A E Y L A U X O O G Y L M
J B U D N N R N T J W Z N M L J L H M
V E M D G D G O A G D C X O N V K Q Y
H T R K T H X U W T E H Y G W Z K W K
J I K R S Q R U M N N L W O U G Q U L
O I R I Y F D I N Q E A J G W F W H O
V C O O U S F V Z L D K U Z D A E R W
Z L R I S A E C V F X C O G Z K K O P
Y N K C C H D I L H N W L P W I E P I
O G R N R L I S N W R Q A W S B G V Z
N L O J C G L M B F B U D L I G H T Z
B O F G Y Y G O A F E Z D T G F R V A
X N S M U G S F V J W L M R Y N E Q P
S Q K I A H G S F Y X F D U N O N S K
G W N Q B S D F K R E T E M U R P Q
U P M E U U N R U R T B X U Q W I H K
D H N O I B I A R A U X I U Q G Y G K
K Y Z K I W I E T B X W Z H G Z J E U
E T Q Y F L D U W D J N P E U C T K H
```

Famous Figures

ACROSS

2. Which Powhatan Native American woman changed her name to Rebecca Rolfe and married a Jamestown colonist?

4. Who is the patron saint of bakers, confectioners and pastry chefs, celebrated by the French with a feast day each May 16?

8. Which physicist, known for his theory of gravity, did NASA honor by sending a piece of his apple tree into space in 2010?

9. One of six presidents with the first name James.

13. Henry Dunant, founder of the International Committee of the Red Cross, was the first recipient of which prestigious award in 1901?

16. One of six presidents with the first name James.

17. What was the first name of the Zulu king who ruled most of southern Africa in the early 1800s?

19. Which fashion designer is known for making women's suits with collarless jackets and fitted skirts, beginning in the 1920s?

20. Which Founding Father became the first postmaster general of the U.S. Postal Service?

DOWN

1. Which 16th-century Italian astronomer's middle finger is displayed in the Florence History of Science Museum?

3. Who was responsible for establishing the *Let's Move* initiative, promoting exercise and healthier food in public schools?

5. Who became the youngest elected president in Venezuela's history on December 6, 1998?

6. Who was the first female prime minister of Pakistan?

7. One of six presidents with the first name James.

10. Which South African Nobel Peace Prize winner was on the U.S. terror watch list until 2008, 18 years after his release from prison?

11. One of six presidents with the first name James.

12. Which popular Austrian-born World War II pin-up was also a brilliant inventor who worked to help the war effort against the Axis Powers?

14. One of six presidents with the first name James.

15. Which fashion designer made Michelle Obama's gowns for the inauguration balls in 2009 and 2013?

18. One of six presidents with the first name James.

Contentious Conflicts

ACROSS

2. One of two countries that restored full diplomatic relations in 2016, after almost 55 years of Cold War.

3. Name the German aviator in a red Fokker triplane, shot down over the Somme River on April 21, 1918, in World War I.

5. French Independence Day is celebrated each July 14 to commemorate the storming of which fortress?

7. Which D-Day beach did author J.D. Salinger storm with his 4th Infantry Division?

8. One of two countries that restored full diplomatic relations in 2016, after almost 55 years of Cold War.

10. One of three main Axis Powers during World War II.

11. During the Vietnam War, who was the leader of North Vietnam?

12. One of three main Axis Powers during World War II.

14. One of three nations that comprised what George W. Bush called the "Axis of Evil" in January 2002.

16. The Arab Spring uprising began with a 2010 revolt in which country?

19. On May 6, 1945, the day after the order to cease combat, a Nazi U-boat was sunk off the coast of which U.S. state?

DOWN

1. What kind of attacks began on October 25, 1944, when Japanese planes engaged the U.S. fleet in the Philippines in the Battle of Leyte?

4. One of three nations that comprised what George W. Bush called the "Axis of Evil" in January 2002.

5. Which secret British military center employed Colossus, the first large-scale computer, in code-breaking efforts against the Nazis in WWII?

6. Which vice president presided over a ceremony in Iraq to formally mark the end of the U.S. combat mission there?

9. 1979 saw the Soviet Union's invasion of which country?

13. One of three main Axis Powers during World War II.

15. What was the formal name of Zimbabwe from 1965 to 1979, prior to the civil war that claimed 30,000 lives?

17. One of three nations that comprised what George W. Bush called the "Axis of Evil" in January 2002.

18. The world's first nuclear-powered submarine, the U.S.S. *Nautilus*, was completed in Nineteen _____ -Four.

In the Sky & Under the Sea

ACROSS

1. Which planet has orbited the sun just once since its discovery in 1846?

9. On December 27, 1831, Charles Darwin began a voyage that lasted five years on what ship?

10. What is the name of the bright-yellow flag, dated to 1775, that the right-wing populist Tea Party uses for its rallying symbol?

11. What notorious skyjacker was the subject of a manhunt from 1971 to 2016, when the FBI finally closed the case?

12. Which airline began the first transatlantic passenger service in 1939?

16. What is the nickname of the pilot who successfully crash-landed a commercial airline in the Hudson River in 2009?

17. Which conspiracy theory got its start on July 20, 1969?

18. Which Apollo space mission marked "one giant leap for mankind" when it landed the first humans on the moon?

DOWN

2. Which legendary Red Sox player was astronaut John Glenn's wingman in the Korean War?

3. What was nylon used to make during World War II, causing a stocking shortage for American women?

4. "Aim High" and "Cross into the Blue" are recruitment slogans used by which branch of the Armed Forces?

5. What was the first space shuttle to be launched into space by the United States?

6. Which pilot treated first lady Eleanor Roosevelt to an impromptu midnight flight over Washington, D.C. in 1933?

7. Who raised the flag above the U.S. embassy in Cuba, as it reopened for the first time in 54 years?

8. Who renamed the presidential yacht *Honey Fitz* in honor of his grandfather, a former Boston mayor?

13. Which engineering feat was completed in 1990 when two men broke through a wall of rock, met, shook hands and said "Bonjour" and "Hello"?

14. Which country was the first to send in warplanes to Libya in March 2011 in support of the ouster of Libyan strongman Muammar Gaddafi?

15. Which NASA probe entered the orbit of Jupiter on July 4, 2016, after a five-year trek?

Everything Else, Pt. 1

ACROSS

1. Which African American bandleader celebrated his heritage in the 1920s with songs like "Black and Tan Fantasy" and "Black Beauty"?

3. In 1999, Macau was transferred to Chinese sovereignty from which European country?

6. In the 1920s, the U.S. military drafted a plan called "War Plan Red," which detailed the invasion of which country?

9. What title does the German head of government hold?

11. Until the 1600s, French winemakers used oil-soaked rags instead of which bottle accessories?

13. In 1976, the first recorded outbreak of which deadly virus occurred in the Democratic Republic of Congo?

15. Which of the 12 apostles is considered to be the first pope?

18. Which stadium in Flushing Meadows, New York, home of the U.S. Open, is named for the first male African American to win Wimbledon, in 1975?

20. Which mineral from the western United States helped fund the Civil War?

DOWN

2. Which billionaire donated $1 billion to the United Nations in 1997?

4. The ancient drink pulque originated in which country?

5. Pope Francis was born in which South American city?

7. Which religious figure, always seen in red and yellow, is the spiritual leader of Tibet?

8. Which article of women's clothing is named for Amelia Jenks Bloomer, advocate for the reform of women's dress in the 19th century?

10. Which computer company introduced the mouse?

12. How many years is the term for a U.S. senator?

14. Rahm Emanuel resigned as White House chief of staff to run for mayor of which city?

16. Which animal was adopted by the Medici family as a symbol for their motto "Make haste slowly"?

17. What material gave its name to the peaceful revolution that led to the end of Communism in Czechoslovakia in 1989?

19. In 1997, Britain relinquished control of which last major remnant of its colonial possessions?

Everything Else, Pt. 2

ACROSS

1. Which head of state dubbed Diana Spencer "The People's Princess" in the days following her death in 1997?

8. Which African American slave is recognized for playing a pivotal role in the construction of the nation's Capitol?

10. Who was the first popularly elected president of Russia?

16. What U.S. spokes-character made his first appearance in *Leslie's Weekly* in 1916, with the words "What Are You Doing for Preparedness"?

19. Who was captured on August 4, 1944, in a warehouse on the Prinsengracht Canal in Amsterdam?

20 One of three countries that is part of the largest free trade region in the world, created when NAFTA went into effect on January 1, 1994.

DOWN

2. Which politician coined the slogan "Let's Make America Great Again" years before it was adopted for Donald Trump's campaign?

3. Who voiced these words on air after Nixon resigned the presidency: "My fellow Americans, our long national nightmare is over"?

4. Which pacifist president was in office when the United States entered World War I in 1917?

5. Which Roman numerals correspond to 1,453?

6. Who saved George Washington's portrait from the White House when the British attacked during the War of 1812?

7. One of three countries that is part of the largest free trade region in the world, created when NAFTA went into effect on January 1, 1994.

9. Which city, chosen to host the 2022 Winter Olympic Games, became the first to be selected to host both the Summer and Winter Games?

11. Croatia, Slovenia and Bosnia-Herzegovina are independent countries that resulted from the breakup of which country in the early 1990s?

12. Which toy's packaging once boasted: "Throw it indoors. You can't damage lamps or break windows. You can't hurt babies or old people"?

13. This last significant Habsburg monarch was the longest-reigning Hungarian king and also emperor of Austria.

14. One of three countries that is part of the largest free trade region in the world, created when NAFTA went into effect on January 1, 1994.

15. Which item made for popes, cardinals and bishops by Gammarelli tailors since 1798 is now available online for a mere $27 per pair?

17. Which company gave away free dessert molds to Ellis Island immigrants in the early 1900s as a welcoming gift?

18. Which university hosts the annual "Ig Nobel" Prize Awards, which recognize questionable scientific achievements, like the invention of Beano?

FUN FACT

Originally, the wedge for this category was brown. Later, it was changed to today's hue, purple.

Arts & Literature

You better hope you don't draw a blank in this section!

Acclaimed Authors

1. Which 19th-century Gothic American author is often depicted with a raven?

   _____

2. Under what pen name does *Harry Potter* author J.K. Rowling write a series of detective novels?

   _____

3. Which comedian paired up with an NYU sociology professor to write *Modern Romance*, a book about dating in the digital era?

   _____

4. Famed science fiction author Isaac Asimov was a professor of which subject at Boston University?

   _____

5. Which American novelist was once co-owner of the Baltimore Orioles?

   _____

BONUS

Which author went into hiding after being made the subject of a fatwa issued by Ayatollah Khomeini?

OBRRHAGTLBRATIE

SNIRZIAZAA

YCMONTCLA

AGDREPLONAELA

BITSOEIMCYRH

1. The TV series *Under the Dome* was based on a novel by which author?

   _____

2. Samuel Clemens, better known as Mark Twain, rose to national prominence while writing for newspapers in which U.S. state?

   _____

3. In 2013, a crater on the planet Mercury was named after which early 20th-century master of horror?

   _____

4. Which author of the bleak poem "The Waste Land" was a practical joker who made good use of exploding cigars and whoopee cushions?

   _____

5. Which former *Saturday Night Live* writer published an autobiography titled *The Bedwetter*?

   _____

RLACANOFII

ITNESPEHNGK

NSSAHAVERMALIR

ORCPFVEHTLA

TTISEOL

Gotta Dance Dance

1. Dancer Frederick Austerlitz leapt to Broadway and silver-screen stardom under which famous name? _____

2. Which Broadway rap musical is set in a Dominican-American neighborhood in New York City? _____

3. Which male ballet dancer defected from the Soviet Union to Canada in 1974 and eventually joined the cast of *Sex and the City*?

   _____

4. Which Broadway musical inspired a Clint Eastwood–directed movie of the same name? _____

5. Which Broadway musical and 2014 movie is based on Grimm Brothers' fairy tales? _____

TNGIHEEIHHTS

IKHBMAHLNVAISIROKY

FIAESDRARTE

SEYREYJSBO

NTOHTDWEOIOS

1. Which Impressionist French artist dedicated more than half of his life's work to the subject of ballet? _____

2. Who was the first African American female principal to dance in the American Ballet Theatre? _____

3. In ballet, what is a dance performed by two dancers?

_____

4. Which architect has designed buildings that have been inspired by a smashed guitar, a pair of dancers and a fleet of sailboats?

_____

5. Which actor took home a Pulitzer and 11 Tony awards for his stage production *Hamilton*? _____

XEDSDUAPE

RFENGKAHYR

RNAMDIAUMNENILLA

EGDEGRDAAS

OCNYALPTESIMD

BONUS

Which two Broadway stars originated the roles of Elphaba and Glinda in the stage production of Wicked?

Do the Write Thing

1. What is the title of the second book in the classic sci-fi *Hitchhiker* series written by Douglas Adams? _____

2. Which author who suffered from chronic insomnia created one of the least sleep-deprived literary characters, Rip Van Winkle?

   _____

3. Which book, compiled by two brothers, was originally named *Children's and Household Tales*, but was meant for an adult audience?

   _____

4. Basketball legend and apparent super-nerd Kareem Abdul-Jabbar wrote a novel about which occasional Baker Street regular?

   _____

5. Who wrote *The Autobiography of Alice B. Toklas*? (Don't say Alice B. Toklas!) _____

LGARSMISFATRYIME

OTSCRMHLYMOFE

AEEANHSENHEITEHAUOESTNRTERVTRDTFTU

TIGWVGONINANSRHI

EGDERSRIUTNTE

1. Norman Mailer called which flamboyant journalist "the most perfect writer of my generation"? _____

2. Which book is both J.R.R. Tolkien's first and his last, in the telling of the history of his Middle-earth? _____

3. Which coming-of-age novel opens with the narrator flippantly referring to his background as "...and all that David Copperfield kind of crap"? _____

4. Scientist Jared Diamond wrote which bestselling book about the rise and fall and rise and fall and rise of various world societies?

_____

5. In 2015, what thriller by Paula Hawkins became the fastest-selling adult novel in history, selling 2 million copies in three months?

_____

RIRHCYCEATNETEH

TSRMSGNSUGENLDEEA

IRMTHISLEALINLO

TOHEILNITRNATRGEH

UCMANTPAETRO

BONUS
Which vowel is the most-used letter in the English language?

Children's Lit

1. Which 1939 film rephrased "I'm so glad to be home again" from a children's book into a memorable movie catchphrase?

   _____

2. Which author's work includes *The Giving Tree* and *Where the Sidewalk Ends*? _____

3. For which nonprofit did J.K. Rowling work before writing *Harry Potter and the Sorcerer's Stone*? _____

4. Which Roald Dahl book is the story of a boy, fruit and seven insects?

   _____

5. What is the name of the pirate ship in J.M. Barrie's *Peter Pan*?

   _____

ASPNEMDAHGAJIECHETTAN

ESVRHTINSEELSLI

OGLEJLOYRR

TEIESNNOIRAMTATNYALN

RZZFOEIHADWOT

BONUS
Middle-schooler Greg Heffley gets the "Cheese Touch" in what novel?

1. In which museum do the kids in *From the Mixed-Up Files of Mrs. Basil E. Frankweiler* hide? _____

2. Which author, who wrote an enduring fable about a pilot and a prince, was honored by France when his image graced their 50-franc note? _____

3. Which children's book series lets readers select the plotlines for its stories? _____

4. Which classic kids' book took shape when its author was inspired by watching tiny spiders in his NYC apartment spin web after web?

   _____

5. What is the name of the mongoose in Kipling's *The Jungle Book*?

   _____

TAHSETWOELBCR

AKITVKKTIKIRII

PTLSOMORNRMTMUOUETIAEFA

EIIAADNSETXUOTENNPÉYR

EOHSCOVWOETEDUUORYRNNA

Pop Culture

1. Scholarly interest in which supernatural, cult-classic TV series spawned a peer-reviewed academic journal with the title *Slayage*?

   _____

2. Which of Truman Capote's works shares a name with a 1995 hit song by Deep Blue Something? _____

3. In which magazine did Caitlyn Jenner make her world debut?

   _____

4. Who appeared as George Washington on the first cover of *George*, a political magazine published by John F. Kennedy Jr.? _____

5. Which character in the Melville novel *Moby-Dick* is the basis for the name of a successful coffee franchise? _____

KRACUBST

VFYIRAANIT

EHTFAPEFUMSBIYYLRAVER

AABAFSTAISTFETYFKNR

WRONCFDIDACYR

BONUS

From which Orwellian masterpiece did the phrase "Big Brother is watching you" originate?

1. Whose points allow Gryffindor to win the House Cup in *Harry Potter and the Sorcerer's Stone*? _____

2. What is the setting for Sara Shepard's *Pretty Little Liars* novels?

   _____

3. Which candy did Elliot use to lay a trail to entice E.T. into his house in the movie *E.T. the Extra-Terrestrial*? _____

4. Which hashtag do people use for a weekly posting on various social media sites of favorite memories or photos from the past?

   _____

5. What literary mash-up features Jane Austen's Elizabeth Bennet and Mr. Darcy fighting against a growing tide of reanimated dead?

   _____

ITVOBENMLOENLOGLT

AWTTKHCUYHRBSORDA

DUIEEIRODSBIMDNCZRAPJPEEAND

RHOOYWSCEDLOSAOOD

ISEPRSEECESE

Novel Ideas

1. Who leads the company of dwarves on the quest to reclaim their treasure from Smaug in J.R.R. Tolkien's novel *The Hobbit*?

   _____

2. Harper Lee's *Go Set a Watchman* is the sequel to which novel?

   _____

3. Which war hero gave chronically ill author Laura Hillenbrand one of his Purple Hearts when he learned that she's been housebound for years? _____

4. Which 1955 novel by Patricia Highsmith was the first in a series of books collectively known as *The Ripliad*? _____

5. Which thriller by James Patterson introduced forensic psychologist Alex Cross in 1993? _____

ALIZMORPUISENI
EEIERNETRLMDPTTHYAL
NMPRAECELGOAASID
TNHEOKIAERDINLHOS
IOINRLIKDLOAGMCKTB

1. Which British author's purple prose spawned the oft-quoted phrase, "It was a dark and stormy night..."? _____

2. Which actress, whose TV character was the opposite of otherworldly, wrote a sci-fi novel in 2014 titled *A Vision of Fire*?

_____

3. What anti-slavery work of fiction is often credited with encouraging the abolition movement that sparked the Civil War? _____

4. Which American author's first novel is set in Pamplona, Spain?

_____

5. What is the name of the title character in Stieg Larsson's *The Girl with the Dragon Tattoo*? _____

ESGOLAININRDNLA

MCNTCLNEUBOAIS

LISDAHESANBTERL

NODLWLTUYEWDRETARB

MSWINAENYEERGTH

BONUS

In 1919, a circle of literary wits that included Dorothy Parker met at a New York hotel and began a famous meet-up that became known as what?

Illustrate This

1. What is the secret identity of Wonder Woman?

   _____

2. Japanese artist Ken Sugimori illustrated the 151 original characters of which wildly popular cartoon empire? _____

3. Paul Giamatti stars as which underground graphic novelist in the movie *American Splendor*? _____

4. What wealthy, feathered cartoon character did *Forbes* magazine estimate would be worth $44.1 billion in 2011? _____

5. Which pop artist rose to fame in the 1960s for iconic paintings that resemble big, blown-up comic strips? _____

6. Which legendary comic book writer and graphic novelist gave us *Watchmen* and *V for Vendetta*? _____

7. Which animated TV miser was arrested when a Vermeer painting, stolen in a real art heist in Boston, was found in his mansion? _____

8. Hans Christian Andersen's fairy tale *The Snow Queen* inspired which Disney film? _____

9. What was the original name for Charles Schulz's *Peanuts* comic strip?

   _____

10. What is wrapped around the candle in the logo of Amnesty International?

   _____

```
D D S N M S M T K B N J L E I E N S N
Q I W K A S H E A J O I X H K F N I H
T G A K L F H R D K M L F S P A E Y A
L A E N Q O B I Z U E H T M E T C Y R
J O V C A E F E P Q K I X I S A O D V
Z G R O D P Q L T A O L N N V B R A E
V K U W R I R X I K P O E Q H W T N Y
P E I I J J B I G L I T U J Y U B S P
M R I E N Z N V N W H A J T E O S W E
E R O O M N A L A C O D A K B W K L K
K M R B U R N S I L E U O D L E H R A
A I G K A C H L T U M F C U O W P E R
G P D R N Q Y S A R D V D A B J B X O
M U R T Z O M C D V Y C E U H Q D O Z
Q B B Y R T J W Z P X Y R A O U D X L
Q G V B X G N E D F X F T H B W P P U
W H Y E B Y G K W J W B P F L K O K O
B A E I W K T N M B E V L Q H D W A Q
S C R O O G E M C D U C K X G X D G Z
L I G N R Z J J V A W L A I L O M X D
I W A J O K R K V J A G B M I I V G W
J C T R Y R X L S A Y F E X Y N G S Q
E I F Q T V Z G H B W A G V X H J R V
H G T V U O S M I T B Z O W M R Z O V
```

Art History

1. What was the London building that the Tate Modern now occupies, before it became an art museum? _____

2. Which dazzling, nighttime art installation of flames on water originated in Providence, Rhode Island, in 1994? _____

3. In which post-Impressionistic style are paintings made up of small dots that form an image? _____

4. Developed in the 1800s, a daguerreotype is an early form of what?

   _____

5. Which architectural style includes flying buttresses, pointed arches and ribbed vaults? _____

6. Colors directly opposite each other on the color wheel are called what?

   _____

7. Frank Lloyd Wright designed which curvalicious Manhattan museum that opened six months after his death? _____

8. Which Parisian museum is a former railway station? _____

9. Who painted *The Last Judgment* on the ceiling of the Sistine Chapel?_____

10. Which constellation appears on Vincent van Gogh's painting *Starry Night Over the Rhone*?

    _____

BONUS

What is the title of John Singer Sargent's scandalous portrait of Madame Pierre Gautreau in a black gown?

U U N N R P C F N T S O M E Q Q Q G B
M M X F D R O T K R L G U P A M D I A
G V I V D D T P Q E O U S S R M D P P
C E R E T U D J G P K A E H K W B C J
C K D I H I S N O L Z Z E A B Y Y Z Z
C Y Q C O N A W I I P O D A R P R P E
T O X P R L E M Q E W L O K L R J U W
V U Z I E R T G K H P A R G O T O H P
G C R H P H F Y G H Y R S O U Z E J C
N X C L N F R Y P U V D A U O R R Y Y
R I A P L I U Y X O G X Y P V C I P R
M N M A U Q J E W C I I R O P D F I A
T A Z A H V S I Z E T N M B P V R L T
T H E B I G D I P P E R T M K J E L N
W D V O N I D K H J D G D I V E T G E
E W C D Q S F C F O V V I L L T A S M
Q W L Y B J D M S W M E R A D L W I E
E M D O N O T O H G T K H V T K I O L
H Z O Q Z C K I N V N C G B X V E S P
G O B H I T K Z J A E D Z H C F E P M
Z Q C H J F P P H N M Q L R R I L J O
C H T R M Z X L N F L C W J N Q C E C
Z O D F R J T I U E J P U Y Y N I Q D
G I T D X S B A Y Q L Q X M U G N N J

Masterful Music

1. What is the name of a folk instrument that originated in Africa, has four or five strings and is often associated with bluegrass? _____

2. In the film *Pitch Perfect*, in which singing style do the Barden Bellas perform? _____

3. What group was formed by Luciano Pavarotti, Plácido Domingo and José Carreras? _____

4. Which famous musician was heavily booed at the Newport Folk Festival in 1965 for switching from acoustic to electric guitar? _____

5. Which Broadway singer and actress played Dr. Naomi Bennett on the TV series *Private Practice*? _____

6. Which Canadian pop singer helped children count "1, 2, 3, 4" on *Sesame Street*? _____

7. Published by John Gay in 1728, which low-brow play is considered one of that century's most popular and remains one of the most performed musicals? _____

8. Richard Wagner's "Ride of the Valkyries" accompanies a swarm of helicopters during a major scene in which film? _____

9. What R&B singer of "I Feel For You" sang the theme song for PBS's *Reading Rainbow*?_____

10. What "loverly" musical takes its title from the last line of the children's song "London Bridge is Falling Down"? _____

```
M V Y P U A F U S E K Q B M T C M H J
Y J K K P R C L A T T I Z F T D G A R
F S L Z Q E S G L N C E P I S Z C K Z
A K N I V P E R T F A O F M I A P F H
I T D T O O P Y E O P L F P P T Q M F
R F Q P H S A P O C A L Y P S E N O W
L U U B A R S W Y K L B E D H T T S R
A M N P S A E H G A X L X J B S I G C
D B L L C G R E Z A L E D E I O P F V
Y W V R B G N B T A T L A E N O B S U
N E P K A E T Y J E A N F J Y Z U I Z
K I S B N B C D V N N M R M T B J K I
R U N X I E S G O N C O W V A L L G L
J M A R F H Q D S I E G R Y Y S N N I
P D Z C V T C Z H V X D T S Y Q F E E
S S K H A M A B X U G I Q E M I M O H
N M M A A J G Q M J B Z R O M Z D J B
T G D R U M J Z S N C P W G P J A N X
I B D K N S M P Q K T C O Q G M Z A U
S U M L N L S M P D E Q M L R E X B E
A P O W P W K N A H X X T C A G W P J
C V F B K Y X Z W F M F N L M R V K E
N A H K A K A H C H Q R S V P G X T V
U R P X T H E W E Q P N J N W L A Q J
```

Artistic Inspiration

1. Which Romanian region, known for its Medieval castles, inspired the setting for Bram Stoker's *Dracula*? _____

2. Edvard Munch was inspired to paint the blood-red skies of *The Scream* in the aftermath of which 1883 volcanic eruption? _____

3. Which Broadway mega-musical is based on a 2004 biography by historian Ron Chernow? _____

4. In his Pulitzer Prize–winning biography *Eleanor and Franklin*, author Joseph P. Lash shed new light on which U.S. president? _____

5. Which fictional Charles Dickens character shares its name with a 1970s rock band? _____

6. Which mid-19th-century "school of art" focused on American landscapes and is named after a major American river? _____

7. What 1965 Broadway play about a misfit twosome morphed into a 1968 movie and several TV series, the latest in 2015? _____

8. Which Ridley Scott sci-fi classic is based on the Philip K. Dick novel *Do Androids Dream of Electric Sheep*? _____

9. Which 1963 Anthony Burgess novel depicts a nightmarish future, aptly portrayed in the 1971 film starring Malcolm McDowell as a "droog"?

   _____

10. Which play won a Tony award in 1980 and depicted the rivalry between Salieri and Mozart? _____

```
M C N Y H H D Q S S F C J R W G R B S
K Q J R A I V U O O R C E Q K C K Z A
O B E L M O Z G M M A N P O K M N C R
G C J L K F N M H G N T W A L E L R E
H P A U P Q Z V P U K R N Q K O V T V
C N A S Y U D W R J L R C X C V N Z I
H Q P S M B O E L Z I L C K S G X K R
A U Y N I G D C V L N E W C C I Q R N
X H P A F A O D D F D O H I V E M R O
I A O F L I A P X D R D K M J P N R S
M M I B R T A X O K O D U Y N N E M D
Y I E O K E U J O P O E J G B M Y Z U
S L A Y J O Q R X L S W H P U U B P H
I T V E P L A H M W E K E T U K J L W
M O G P G N B T T D V Q R G N C A P G
W N G S G A Q B I I E L O A E V Y D H
I K M E M Z R D K Z L X Z A K H D D H
P A H Q K F H O H R T N M A M A T T I
Z A S J L P Q U Q R O A X X F Z T K F
D Z O W J F N F L M D E Y K N V E O O
S J E U R I A H H E E P Y P T D V A A
Q H I B E D Q V U F F B U S S T E I T
A I N A V L Y S N A R T I R I N Z J U
Y P Y W O M F N O Z S K A M S Z Q U M
```

Remember This?

1. What Beat Generation author of *On the Road* crisscrossed the U.S. by car writing about his trips, yet never knew how to drive? _____

2. Which famous Da Vinci painting was stolen from the Louvre by an Italian in 1911, who kept it hidden for two years? _____

3. Which was Oxford Dictionaries U.S. Word of the Year in 2013—"GIF," "selfie" or "vape"? _____

4. What comic and sometime Bluegrass performer backed by the Steep Canyon Rangers wrote a memoir called *Born Standing Up*?

_____

5. Which racehorse appeared on the covers of *Time, Sports Illustrated* and *Newsweek* during the same week of 1973? _____

6. Which comedienne penned a memoir called *Bossypants*? _____

7. Which 1980s artist-activist raised public awareness of the AIDS epidemic through iconic works like *Ignorance = Fear*? _____

8. Who was paid a $3.7 million advance to write her 2014 memoir *Not That Kind of Girl*, even though she was just 26 years old? _____

9. Which American designer donated $10 million to the Smithsonian to help repair the flag that inspired "The Star-Spangled Banner"?

_____

10. What *Atlas Shrugged* author did 2012 vice presidential candidate Paul Ryan say inspired his career in public service? _____

```
T A I R A T E R C E S H J Q S U D S N
G E E F V O Y Q O Q F I A E A M E R E
Y N K M F Y T Q L H D S C C C L H I R
W E I J L W O O J W L L K M F N N G U
C V J R P L X E I Z B P K I T D Z B A
T X I G A V D L Q R T J E Q L J E S L
D A J U E H L U Z K S D R M S F F B H
P T B G F W H L N T N R O V F D Y Z P
V E L W K A L T E O K V U T T T N V L
E X C C M Q Z V I S M P A Q H E L T A
G N A I Z H E Y A E R B C I A D M X R
Y W C B Z M O V O L K R K G I J L A M
P D G O A N Z Z R M F Z C B I A Z X P
D A R R X T A N A B K Y B Q J B D H Y
B G T W N P Y H M O N A L I S A G P E
I I D Y Z G N I N I N X W A D C Q H E
N Y N O T U R P D Z W T Q U Q C Y D E
I A Y Z D I I I N Z K X R E C F T A D
Z P O A Z V N W P U A Z Q T B H M Y B
S U N Y X W T A D L C L Y O I I X N I
P E H B A G H J F K K E C D K S U R K
L A Z Z Y F Y R I E V F X E C C G A D
O E C P D O V D R W Y H S L K O O N B
G B C R B S A J U N Y R T I Z Q Y D T
```

Stunning Structures

1. Which Chinese-American architect designed the Louvre's iconic glass pyramid? _____

2. The head of which Prague-born author is immortalized in a gleaming 35-foot-tall sculpture composed of 42 shifting layers? _____

3. Which white marble structure, with its onion-shaped dome and four minarets, took 22,000 people and 1,000 elephants more than 20 years to build? _____

4. A sculpture by Dale Chihuly is likely made from which medium?

   _____

5. In which city would you find the outdoor sculpture, *Urban Light*, made of 202 antique street lamps? _____

6. Which New York artist's *Balloon Dog (Orange)* sculpture sold at auction for $58 million? _____

7. Which deceased author's favorite gin mill in Cuba has a life-size bronze statue of him leaning against the bar? _____

8. Which museum is home to the *Venus de Milo*? _____

9. Which D.C. landmark's dome is topped by a 19-foot-tall bronze woman named Freedom? _____

10. Which Ludwig Bemelmans character lives in a house in Paris covered in vines? _____

P Z X G C O E E S V L O B B F G S Z X
E V C Q U C N Y R O A L O U V R E G E
T R I J A I U P S M H F Z C H V T T Y
M J N M L A N A U R A R L Q K C G M R
A O R E Q V N H B W M A B X U Q L J H
T Q D Y S G D T C L J N L S W N A H C
Z A L A E T W H Y K A Z H M J L S I D
M E Z L E J H J Y Y T K K O O R S Q B
B R E Q F G A E V E Z A G B Q C N R C
H S Q N D S W O M F G F L O I S S Z L
L L F R F F B Y E I G K K Y J K D H B
N K U U V C E K T L N A C F Y A Z V O
A R V S Q Z U H S P U G Z T E W N G V
L W D X P M L M P T K S W W J O N Z S
I O O L P X Z J J B H M C A W D M B N
U M T X T S A D P Y C Y J E Y Y B J P
U J P I B T V V C S N O O K F F E J
J E I E P G X K I M V A W E A T Y L A
P W K G I A A Q B K I Q L J L M T F U
D D J N I K C G C G C Z T J Y H P O F
A W P V L G R S D R J M W E U S C F
X X E B E Q K N U Q B W W T V U Z Y M
Z A J Z Q W N R K G P C O W U R O W Z
W W N P N V G S H C U O T Z O B E K M

Working with Words

1. "Nerd Slam" and "Haiku Death Match" aren't wrestling holds, they're events in which competitive form of storytelling? _____

2. Which popular fruit's name comes from the Arabic word for "finger"?

   _____

3. What type of poem shares its name with an Irish town? _____

4. Which word is used in Scandinavia as a celebratory toast? _____

5. Which Victorian man of letters wrote a quest poem that inspired Stephen King to write his series *The Dark Tower*? _____

6. Which word, derived from French, describes a word that combines two words, for example, bromance or brunch? _____

7. Which type of poem has 14 lines and follows a formal rhyme scheme?

   _____

8. The 293 poems in the book *Leaves of Grass* were penned by which American poet? _____

9. What is the word, which literally translates to "shaded" in French, for one color fading from light to dark called?

   _____

10. Which eccentric poet friend of Shelley would not allow any of his numerous romantic conquests to eat in front of him?

   _____

BONUS

What is the title of symbolist writer Charles Baudelaire's monumental collection of poems?

```
R N O R G Q X Y T I R P H H Y I P D P
K O O M H B F G V H C Z R Z L C G U O
R L B R B D S M L Z O A Y Q S T U J R
B I F E Y R M L Y F G K C O U H U J T
O N S Y R B E W R G N C S O M F V U M
I L C N S T D Q A B B I I P R B S J A
Q O L W K L B R U H B R A O I X U U N
O V J C A L S R O G C E Y A C K S E T
V G M C L K I W O L J M N Q H B U Z E
D J W F F A K F N W K I L U E P V A A
N S G R T O G D L R N L M E R G G L U
B R P X I B C P Y H I I Q E Z J L E Z
S K L A I M P O Y I I X N Q M N Q W R
X U G P V D D O Q Y L W F G B V A U L
L U U Y R U Q E D G B P Y A S L F O X
B K N S V V H H M V P Y F U T R C A U
A E E D T A Q R J R P J X W M G N Q W
L U T H F U K W E E O N H A H A M H K
L D C X I R H E E I Y I N O N M U J F
M A L S Y R T E O P T A A A N F T V F
H N R K P B F L H M F R B P E X W N G
L N E U Q R S G A B F W S G C B U G T
I P J W S O N N E T X H E G S J U C K
T J K I R Z T C D K D A K R H H H Y H Z
```

Classic Literature

1. Whose garden does Beatrix Potter's Peter Rabbit wander into?

   _____

2. The satirical odyssey *Candide* was written by which master wit?

   _____

3. In what country did F. Scott Fitzgerald complete *The Great Gatsby*?

   _____

4. Leo Tolstoy wrote which masterpiece of Russian literature that was more than 550,000 words in length? _____

5. In *The Lion, the Witch and the Wardrobe*, the White Witch lures Edmund with which sweet treat? _____

6. Which writer, while working a night job at a Mississippi power plant, wrote *As I Lay Dying* in 42 days? _____

7. Which creature in a classic sea tale took shape when its author was inspired by a snowcapped mountain at his country home?

   _____

8. In Ray Bradbury's *Fahrenheit 451*, a fireman's job is to incinerate what?

   _____

9. Who wrote the critically acclaimed ghost story *The Haunting of Hill House*? _____

10. Which sci-fi trilogy by Isaac Asimov ponders the rise of galactic empires but does not have any extraterrestrials in it? _____

```
R H A E E C O B S N J C O T F G P Z K
N K W C Y C C D O Q I C U Y B U W M A
I C H H U G A I Q I U R F G G W B M H
W E H N F F T E G U K C W A S I W U H
R X I F X A Q A P I R C L Y J L Z I Y
M I H G D F N H S D G H E R H L R T E
R L C N K T D H H B N J Y J I I O Y D
E G U M S B D X W V I A T V B A G P F
Y O L M S E B G P T V L R U H M E N B
F K H A L A G W J E J B E A M F R H R
M S O I L V Y G H Q V E H S W A G R V
C C G A B Q H O P V H W D A J U C W N
B H Y G C D N K N Q A E R G M L M H V
T N O S K C A J Y E L R I H S K R H S
X F O X H Q A V W I B O K K T N M W T
D M Q C I R P W H A X J X F Q E I T W
L A O T T F R E V L Y R F J M R W E P
F U F B D Y X H C O N Z R J Y G N V M
V L J D Y M V M M Q F V A A Q O I C T
P G L R D D W N C C R B N Z G H C A L
Y W Q Y V H I K V O O D C F U Z H P B
B N V Y W E B C F O U P E M A C M I A
V O L T A I R E K T S L R H C O R F S
U A L J Z Z C S H Z H N Y K A N M H E
```

Ancient History

1. Which sports apparel and accessories manufacturer shares its name with the Greek goddess of victory? _____

2. Which Norse god carries a hammer and is the son of Odin? _____

3. What is the artistic term for the radiant light or halo that surrounds sacred or mythological figures in classical art? _____

4. In Egyptian hieroglyphs, the symbol of a decorated eye most commonly represents the Eye of which god? _____

5. In ancient Greek and Egyptian mythology, a sphinx has the head of a human and the body of which animal? _____

6. Which painting technique involves painting on wet plaster?

    _____

7. What ancient Egyptian slab, showing three different scripts with identical meanings, holds the key to deciphering hieroglyphics?

    _____

8. Which kind of birds are the Norse god Odin's messengers?

    _____

9. What's the English translation for the Latin phrase "carpe diem"? _____

10. In Greek mythology, who is the goddess of wisdom? _____

BONUS

Out of the 180 copies of the Gutenberg Bible printed in 1455, how many complete copies exist—11, 21 or 31?

```
U G B P S A P M M A Q H K M U N B Y U
W B W H P E P L I L C W K E G R M Y I
Q K G P J N I Z G C R U F K H N P R S
Q H B I S H T Z Q Y G C T I E I R A U
U S A S Y P J T E W G S N E V A R F R
O B P E Q T B O L T P X E H Z Z R I O
Y C W C Q H S V W O H H A T T E J F H
G K G H E I O B T F N E Y L S H J Z Z
R O S E T T A S T O N E D C I D C F F
W X S Z V H F N A R L Z O A B O K P P
N T H O R S F M E Q C W G N Y Z N W X
B G O J D U T L G H V F V C M Q J X Z
X V I Q E L H L V H T N T F K Q F U M
M V N O O T O I V Q D A F S U P C I J
Z D C R K U K C G E S W B R T J A S B
N R V T N R C N U A N Z H K E A S W W
S J T W I F Q E L U B O S A U N J N B
S L X J I W V G F D K N S A N Z L C M
B W B D O K T O D G O F B B I S K A A
Q M K E G Z M S O M U I E N M G K Y O
I B K U Y Q W G C V O L T M B B D P J
K I G A B O J I Q V S W R C U F U O Q
N C V Z A D H T L A N S W C S J B F A
C Y U E K A X U S S Y X J U Z Z Q O E
```

Prominent Periodicals

1. What's the term for the opinionated style of journalism pioneered by Hunter S. Thompson? _____

2. Which Purple Heart recipient and journalist founded *Page Six*, the celebrity gossip column in the *New York Post*? _____

3. Who was the satirical newspaper *The Onion* referring to in its 2008 headline "Black Man Given Nation's Worst Job"? _____

4. Which bicycle-riding fashion photographer captured street style for *The New York Times*? _____

5. The first appearance of Andy Warhol's commercial art was a 1949 illustration in which magazine "for the girl with a job"? _____

6. Which American music and entertainment magazine was founded by record producer Quincy Jones? _____

7. Which periodical is the bestselling young women's magazine in the U.S., a "bible for fun, fearless females"? _____

8. Which former New York Ranger enforcer was once an intern at *Vogue* magazine? _____

9. Which comically inclined literary magazine has been published from New York since 1925? _____

10. Which magazine shares its name with a novel by William Thackeray?

    _____

```
Z W N M V T Q J T U G Q U G G N P R L
Y Z A I K A K F M A V W G R Y G D E B
V S L I O Z N O G R J D S S B X X K N
O V C P B S T I Z T B I M Z K L U R G
L C Y U V J J F T Y A A M N E B J O G
G J Z X W Z D U N Y M I I U V U F Y S
R O X R C V W T Z A F W Y D H V O W C
M M F N C G K R B Q R A L E T U U E A
Q F S F P Y U O J B X E I U P K Q N L
I B J T R N K S I W D A U R B M R E B
P B P K I C A P U Q M Y S D J S H H X
E U N S A J M T X O M S W A K E H T G
P M U R T M A Y I J P Y L L B A Y U T
M R A N X E I S A L W I R N I N I W K
R B R C M L O Z E N O F S H N A O Y E
J A M E S B R A D Y I P R Z F V B G G
J W K D Z P Q Q F B C V O B D E C I I
Q A R H T A T X P R Q G G M A R E C D
M A H G N I N N U C L L I B S Y S H M
Z M I M X Z I M G A G R W C E O W T F
M K E E K F W U M S D B E S M M C D H
R K J V M W K O V L G N T B H H J W H
S A H Z W B U P V D D H L N I N S U Y
E F V G A R P J Y E P C U W Z V W Z G
```

Read All About It

ACROSS

1. Which horror writer fears the number 13 so much that he will not stop reading on pages 94, 193 or 382 because they add up to 13?

6. Which "Jabberwocky" author used some of the same nonsense words in his epic 1876 poem "The Hunting of the Snark"?

8. Which American author and poet penned the defiant line, "But still, like dust, I'll rise"?

9. Which AMC drama was based on the book *Washington's Spies* by Alexander Rose?

13. Which 2014 science fiction novel by Jeff VanderMeer was made into a film starring Natalie Portman?

14. Which magazine, established in 1911 by an 18-year-old Scout, is delivered to more than 1 million subscribers every month?

16. What is the name of the illustrated gentleman who frequently graces the front cover of *The New Yorker* magazine?

17. Which 19th-century work by Scottish scholar James George Frazer shed light on the connections among the world's religions and folklore?

18. The Man Booker Prize is awarded to books published in which country?

DOWN

2. Which author coined the term "steampunk" in 1987 to describe the genre of his novel *Infernal Devices*?

3. In the children's book by Crockett Johnson, what color is Harold's crayon?

4. Which comic strip was named after a 16th-century theologian and a 17th-century philosopher?

5. For which men's magazine did Hugh Hefner work as a copywriter, two years before launching *Playboy*?

7. What is the name of Garfield's canine companion?

9. Which book introduced the world to the fuzzy-footed character Bilbo in 1937?

10. Which children's author, born in Wales, wrote many of his books in a garden shed, which had a Kids-Keep-Out rule?

11. Which renowned British author dreamed up such characters as Miss Havisham, Oliver Twist and Tiny Tim?

12. Which musical, based on a collection of T.S. Eliot poems, returned to Broadway after almost 18 years?

15. In the *Archie Comics* series, who is Archie's main rival?

Picture Perfect

ACROSS

3. Which abstract painter applied for a fellowship from the Guggenheim Foundation in 1947 but was rejected?

4. What is the title of the Vincent Desiderio painting that inspired Kanye West's "Famous" music video?

8. Which model appeared topless on the self-penned 1993 novel *Pirate*?

9. Which toxic chemical element was commonly used in classical paintings and frescoes?

13. Which photographer is celebrated for her coffee-table books of baby photos?

17. Which persnickety film director went through 60 doors retaking Jack Nicholson's "Here's Johnny!" scene in *The Shining*?

19. What appears to be melting in surrealist painter Salvador Dalí's *The Persistence of Memory*?

20. According to the bestselling picture book by Adam Rubin and Daniel Salmieri, which food do dragons love?

21. Which television series did the National Portrait Gallery honor when it added Frank Underwood to the presidential portraits?

DOWN

1. In the painting by Emanuel Leutze, which river is George Washington depicted crossing with a group of soldiers?

2. Developed in the 1800s, a daguerreotype is an early form of what?

5. Which museum's geo-locator app shows a path from Da Vinci's *Mona Lisa* to the *Winged Victory of Samothrace*?

6. Which prolific artist, famous for his "paintings of light," hid the numbers 5282 in his work to honor his wedding date, May 2, 1982?

7. Which kind of animal hair is used to make the finest artist paintbrushes?

10. What forms the centerpiece of Claes Oldenburg's 24-foot-high sculpture in the Morse College courtyard at Yale University?

11. In 18th-century Austria, Tyrolean painters used cobwebs as what?

12. Which street artist created the iconic poster with the word "hope" and an image of presidential hopeful Barack Obama?

14. What is the style of painting that uses opaque watercolors?

15. Which elusive British street artist embellished a copy of a Monet painting with grocery carts and trash to make an eco-statement?

16. Conceptual artist William Wegman is famous for photographing which breed of dog?

18. Which cheap Russian camera inspired a photographic movement in the 1990s?

Early Readers

ACROSS

4. In *The Lion, the Witch and the Wardrobe*, what is the name of the lion?
5. In the books by Kate DiCamillo, what kind of animal is Mercy Watson?
6. This Dartmouth alum is responsible for creating such characters as King Yertle, Yolanda Yorgenson and Sally Walden.
9. Which succinct, instructional phrase is the title of author Hervé Tullet's 2011 bestselling children's activity book?
14. Mr. Smee is the bumbling sidekick of which literary villain?
16. Before his career as a writer, Roald Dahl had which job for the British government during WWII?
18. What titular creature eats "snozzcumber" and drinks "frobscottle" instead of children?
19. Which pen name did J.K. Rowling use when she wrote *Fantastic Beasts and Where to Find Them*?

DOWN

1. What was Old Mother Hubbard searching for in the cupboard?
2. Who is master of ceremonies at the Hunger Games?
3. In the Aesop fable where "slow and steady wins the race," who came out the loser?
5. Which bratty, city bird insists on driving the bus in author Mo Willems's bestselling kids' book?
7. Who is the author of a tale of children deeply down on their luck, aptly named *A Series of Unfortunate Events*?
8. Which former *Glee* actor is the author of the *New York Times* bestselling children's series *The Land of Stories*?
10. In *The Jungle Book* stories by Rudyard Kipling, what kind of animal is Kaa?
11. In *Dr. Seuss's ABC*, "A" is Aunt Annie's what?
12. Meg, Jo, Beth and Amy March are the central characters in which novel?
13. Which book about a bunny's bedtime was ranked third on *Time* magazine's 100 Best Children's Books of All Time?
15. What is the title of Madeleine L'Engle's beloved novel about a misfit girl racing to save her scientist dad?
17. Which author of creepy books for kids wrote silly joke books before he switched from humor to horror?

Everything Else, Pt. 1

ACROSS

2. Which Gillian Flynn bestseller was adapted into a blockbuster thriller starring Ben Affleck and Rosamund Pike?

4. In the 2015 Pulitzer-winner *All the Light We Cannot See*, Nazis search for the Sea of Flames, which is what?

6. Van Gogh's ear was severed following a fight with which French post-Impressionist artist?

7. One of the cocreators of both *South Park* and *Book of Mormon*.

9. With what color is the boy's name Rufus commonly associated?

11. What is the name of the llama-like creature whose fleece is used in fiber manufacture and can be found in the highlands of South America?

12. What is the term for an internet user who posts inflammatory or off-topic comments?

13. For which piece of furniture are designers Charles and Ray Eames best known?

15. The character Moose appears in what series of dance movies?

17. One of the four instrument groups that makes up an orchestra.

18. One of the four instrument groups that makes up an orchestra.

20. One of the four instrument groups that makes up an orchestra.

DOWN

1. In which city is the first Frank Gehry–designed Guggenheim Museum?

3. Who wrote *It Takes a Village and Other Lessons Children Teach Us*?

5. Which artist's Manhattan studio was known as "the Factory"?

8. Shirley Jackson wrote which famous short story about a rural town's annual grisly tradition?

10. Which diarist's image is on the California state quarter, along with a scene of Yosemite, the park he helped conserve?

12. One of the cocreators of both *South Park* and *Book of Mormon*.

14. Who designed the famous title sequences for films like *North by Northwest*, *Vertigo* and *Psycho*?

16. How many basic positions of the feet are there in ballet?

19. One of the four instrument groups that makes up an orchestra.

Everything Else, Pt. 2

ACROSS

2. Which novel takes place on a single day, June 16, in the city of Dublin in the life of Leopold Bloom?

6. One of three countries, all starting with the same letter, that Elizabeth Gilbert traveled to in her memoir *Eat, Pray, Love*.

8. Which novel by Emma Donoghue, narrated by a 5-year-old boy, was made into a movie that snagged its lead actress an Oscar?

10. One of the Three Musketeers in Alexandre Dumas's book of the same name.

13. Whose 1981 engagement ring, valued then at $47,000, is a 12-carat blue sapphire surrounded by 14 diamonds in a white gold setting?

16. Which city, straddling two continents, houses the Pera Palace Hotel, where Agatha Christie penned *Murder on the Orient Express*?

19. What is the nationality of Bram Stoker, the author of *Dracula*?

20. What is the name of the hero in James Fenimore Cooper's novel *Last of the Mohicans*?

DOWN

1. What term is used to describe writers, such as Upton Sinclair, who exposed the suffering of the poor in early 20th-century America?

3. Which shoe manufacturer debuted the All Wah sneaker in 2016, which comes with a built-in wah pedal for guitarists?

4. One of the Three Musketeers in Alexandre Dumas's book of the same name.

5. Which pop artist nun designed the famous LOVE postage stamp and gave Boston a perpetual rainbow on the side of a storage tank?

7. One of the Three Musketeers in Alexandre Dumas's book of the same name.

9. Which African nation is home to Precious Ramotswe, owner of The No. 1 Ladies' Detective Agency in Alexander McCall Smith's series?

11. What is widely believed to be the bestselling book of all time?

12. An old Yiddish proverb states that "a nickel will get you on the subway," but what food will get you a seat?

14. One of three countries, all starting with the same letter, that Elizabeth Gilbert traveled to in her memoir *Eat, Pray, Love*.

15. Richard Preston's 1994 book *The Hot Zone* is about which modern-day pandemic?

16. One of three countries, all starting with the same letter, that Elizabeth Gilbert traveled to in her memoir *Eat, Pray, Love*.

17. Which facial expression is also the title of Raina Telgemeier's 2010 graphic novel?

18. Magneto, Apocalypse and Mystique are mutants in which Marvel Comics franchise?

FUN FACT

*Trivial Pursuit
was initially released
in Canada in 1981.
It wouldn't be distributed
in the U.S. until 1983.*

Geography

Kenya think of anything more fun to be quizzed on?

Cities and States

1. The active volcano Popocatépetl is located about 40 miles from which capital city?

   _____

2. The Cathedral of St. Basil the Blessed sits on which city's central square?

   _____

3. Which Pennsylvania city is home to the neighborhoods Shadyside, Oakland, Squirrel Hill and Bloomfield?

   _____

4. In which metropolis would you find the skyscrapers called the Cheesegrater, the Gherkin and the Shard?

   _____

5. Which U.S. city's downtown was destroyed in a great fire in 1871, which started in the barn of Kate O'Leary?

   _____

OCMOWS

IMCOYECIXT

DONOLN

COCGIHA

TSUBIGTPHR

BONUS

According to The Simpsons *creator Matt Groening, where is the fictional town of Springfield located?*

1. In which state should Bugs Bunny have taken a left turn?

   _____

2. Which city on Florida's west coast is home to Bayshore Boulevard, a 4.5-mile-long sidewalk?

   _____

3. Which southern U.S. state was the site of 18 major studio movie locations in 2013, making it more popular than California or New York for film shoots?

   _____

4. In which U.S. state is Tug Valley, home of the Hatfield-McCoy feud?

   _____

5. In which city are the Bluebird Café, Ryman Auditorium and Grimey's located?

   _____

IVHSALNLE

CWEENOXIM

ANLIOAUSI

TAAMP

ASVIGIIREWTN

If You Build It

1. Which U.S. bridge is painted a memorable International Orange?

   _____

2. The Eternal Flame at Arlington National Cemetery was based on which French landmark?

   _____

3. What is one of the busiest stops on the London Underground?

   _____

4. Which of the Seven Wonders of the Ancient World is the only one still surviving?

   _____

5. In which London square are the four 20-foot-tall Landseer lions that tourists love to climb?

   _____

RTRESAURQLFAGAA

ETLOATROONSWATI

GRPIEITZAOGFAAMSYRD

EGDTENEGDRLABOGI

NIMONOSKWOTDHBEFLNOUERT

1. The statue of which president is found in Boston's Public Garden?

2. In which city has the *Christ the Redeemer* statue been hit by lightning—several times?

3. Which iconic New York skyscraper used to house the Cloud Club, a three-story club and speakeasy?

4. Which arena marked the last live performance by John Lennon?

5. Which Smithsonian museum was originally built for 2 million annual visitors but routinely sees four times as many?

RLGHLIDYUISNRCBE

QASRNEAUDGIRSOMEDAN

AIMDSCNMPRASEUEAU

GOGRHOWGNSITAENE

RINODAIOEERJ

Mighty Mountains

1. Which food sensitivity plagued Ötzi the Iceman, a Bronze Age mummy found in the Tyrolean Alps?

   _____

2. "Out of the mountain of despair, a stone of hope" is etched into the Washington, D.C., statue of which leader?

   _____

3. Stellenbosch is a mountainous wine region in which country?

   _____

4. In which state is the underground military bunker at Cheyenne Mountain?

   _____

5. Which national park in the Rocky Mountains is Canada's oldest?

   _____

OLOCORAD

PNKFLIAFAANANORTB

LEEALRCSIOTCNNTOAE

HCURSAIFTOA

UJTERMNHRTNKARIGLI

BONUS

What is Mount Midoriyama—a Japanese volcano, a rare sushi dish or an American Ninja Warrior obstacle course?

1. Which southern U.S. mountain range is a National Park with more than 10 million visitors each year?

_____

2. Which mountain range partly separates Europe and Asia?

_____

3. Which country is home to the world's most dangerous climbing peak, with a climber survival rate of only 35 percent?

_____

4. Which mountain range hosts the Pacific Crest Trail and spans the length of California?

_____

5. What is the longest above-ground mountain range in the world?

_____

PELNA

ANDSVAIERREA

NGTROYTAMSANEOMIUKS

LARUS

SEDNA

We Built This City

1. Mexico City was built on the ruins of Tenochtitlán, the capital city of which conquered civilization?

   _____

2. Which landlocked Pennsylvania town shares its name with the famous New Jersey coastline?

   _____

3. What city lay at the end of the 1,922-mile ride aboard the Orient Express, which left Paris daily in 1889?

   _____

4. In which city would you find both the Anne Frank House and the Van Gogh Museum?

   _____

5. Which Mexican city lays claim to inventing the Caesar salad?

   _____

COETNSTNAPINOL

NAAUJIT

SMAARDTEM

AMRZTEEPCIE

ESHSROEEJYR

BONUS

Which of the following cities is the farthest south— New York City, London or Paris?

1. On which continent is Punta Arenas, the southernmost city in
   the world?

   _____

2. The airport in which city is named after jazz pioneer
   Louis Armstrong?

   _____

3. In which city was the first mobile phone call made?

   _____

4. The J. Paul Getty Museum of art is located in which American city?

   _____

5. Which district in central Tokyo is particularly famous for
   its electronics?

   _____

GLSENASOLE

ISAOUMCTHARE

RAKABIAHA

LOWASEENNR

IRYKNEYTCOW

Sights Worth Seeing

1. Which roadside attraction near Amarillo, Texas, consists of 10 cars buried nose-down with graffiti-painted tail fins?

   _____

2. Which New York hotel was a bohemian enclave for scores of notables, like Arthur Miller, Bob Dylan, Grace Jones and Arthur C. Clarke?

   _____

3. In which Philadelphia building were the Declaration of Independence and the U.S. Constitution both signed?

   _____

4. Which Italian landmark is replicated in a Chicago suburb?

   _____

5. In the 1880s, P.T. Barnum led 21 elephants over which bridge to prove it was stable?

   _____

IHNNEELAEDENDPCL

GILRTWEFAENAIPNOSO

HIDNLRLACAACC

LESEHLHCETOA

OORRBDGYNBEKIL

1. Which gravelly voiced, spiky-haired rock star serenaded 3.5 million fans on Copacabana Beach in 1994?

   _____

2. Which European capital features a bronze statue of Hans Christian Andersen's Little Mermaid?

   _____

3. Which mega shopping center in Minnesota sits on the space once occupied by Metropolitan Stadium?

   _____

4. What windmill-topped Parisian landmark opened its doors in 1889?

   _____

5. Which landmark, nicknamed "La Dame de Fer," is one of the most visited tourist spots in the world?

   _____

BONUS

At which "heavenly" spot did Guy Laliberté, founder of Cirque du Soleil, pay $35 million to stay 10 days?

MAMAECRLOLFIA

RREOTSDTAW

LOGMOREUUIN

IEFFRWOTLEE

NAEGPONCHE

What in the World?

1. Which Middle Eastern prime minister expensed a $1,600 haircut during a 2015 visit to address the United Nations?

2. Which Southern state banned the sale of Cycles Gladiator wine in 2009 because of its "racy" labels depicting a nude Art Nouveau nymph?

3. Which Scottish competition includes contests in Highland dancing, hammer throwing and caber tossing?

4. Which creature was made an official citizen of the Shinjuku section of Tokyo in 2015?

5. Which country didn't grant its first divorce until 1997, becoming the last country in Europe to allow it?

ILUINARFEOBCLEDPR

JYMEETANHNAUNNBAI

ODGZALIL

DGIEAGHNHAMLS

AALAMBA

1. With which Russian leader did poet Robert Frost meet in the Crimea in 1962 to mend fences during the Cold War?

_____

2. Which opulent St. Petersburg art museum is famously guarded by an army of felines?

_____

3. Which household pet in America is considered a delicacy in Peru?

_____

4. Which popular, capitalist family board game did Fidel Castro ban in Cuba shortly after seizing power in 1959?

_____

5. In which Southern state is it illegal to catch fish by a lasso but legal to consume roadkill?

_____

BONUS

What did the president of Belarus mistakenly tell a crowd to do at a 2016 rally—revolt, strip or slap each other?

IKVHUERTHKNIACHS

OPONYOML

ESEETENNS

STATGMIMEUHEASEUREMT

GAUPEIIGN

Heating Up

1. Which Italian volcano is considered to be the world's most dangerous? _____

2. What is the common nickname for the belt of volcanic and seismic activity that borders most of the Pacific Rim? _____

3. Which previously long-dormant volcano in Washington state erupted in 1980? _____

4. Which bombastic annual event celebrates community and self-expression in Nevada's Black Rock Desert? _____

5. What chilly island nation straddles two massive tectonic plates, subjecting it to occasional fiery volcanic activity? _____

6. Which island province in the Mediterranean has a volcano that is more than 10,000 feet tall? _____

7. Which word derives from an island believed by ancient Romans to be the chimney of their god of fire? _____

8. In which state would you find the weather condition called "vog"?

_____

9. In which country would you find Ometepe Island, Momotombo Volcano and the Footprints of Acahualinca? _____

10. The Argentine resort town of Ushuaia is situated in the middle of what fiery archipelago? _____

```
P J O A A L D R X S X R W C U O F E O
Q D I N Q U S X E D I G N S P A C V Y
D O Z X C F G R C N B C C W S Q E S G
V L Y T C R J A G M C J M W E T R J L
V Z W X W U A O R Z Y W H F W V O B H
Q W I H L M F N R A Q A N C H G N H O
L I C Q V F S O T L C F J S P B Y K W
O A V Y I I D T X H B I N U T L W S P
T K W R E N G L D F R S N I B O T U L
A U E K A V O L C A N O O V C Q Z Q I
T O M L Q K S F Z C S G Z U V J Y F G
V I E R F D W T K L P X I S M V C O D
H C E N A M G N I N R U B E O P V E V
I W I R D Z Q N B W P J V V U X H U B
X R A U R X K P U W H Z B E C N Z O Q Q
X M G E Q A Q U M B A O S X T M H Q Z
R T P L U K D S A H W X Z N S M T Q K
K I F Z Y G X E I N A R E Z T A I G Y
T K E V N H G S L C I S H V H S Y E V
Y S V W T P J E P F I H B A E M H Z N
L Q T G N V G R N F U L D I L X J B O
Q B K J T C J Q V P A E Y K E T Q V N
X V J Q M O G H Z Z H F G D N W B E X
A M P W N V Z T A Y A J A O S T O M X
```

 **GEOGRAPHY**

Calling All Countries

1. What is the world's largest landlocked country? _____

2. Which country was the primary stand-in for Mars in the 2015 Matt Damon movie *The Martian*? _____

3. Which country borders 14 other countries, including Norway, Finland and Poland? _____

4. Which independent European country is located between Spain and France? _____

5. After China, what is the second most populous country in the world? _____

6. The Roskilde Festival of music and culture occurs annually in which lowland Scandinavian country? _____

7. In what European country is the city of Cologne, famous for its perfume? _____

8. The tallest mountain in Africa is located in which country? _____

9. After Vatican City, what is the next smallest country in the world, which also has the shortest coastline? _____

10. In which country did workers clearing the jungle for bananas find large stone spheres sculpted by pre-Columbian people? _____

BONUS

The names of how many countries in Asia end with the suffix "stan"?

```
N U G P O G G X F N X M T H G F U W T
A A K J Z B T Q A G D Z Y S V B N T D
I P D D H Q P T J C Y W F Z M X R E A
S F K R I Z S C O S T A R I C A N V G
S Z Q C O H A V C B X N B I B M M Z I
U Y Q R K J N Z T X V R P X A K S N K
R K J A R Q D V A C J W N R K O G R Y
Z E Z M B J O B Y S P V K O O K G I C
T A Y H C H R F G F C J C I R B W Z P
K A X M Q E R O R W L A E C L O L L Z
I L N R Q T A M C D N B B C F Y L Y U
Z G X Z A I J L E O R Y Y A M B M D I
C V X U A U Y J M F G K O C N H A I A
I P C Q A N H T Q M U Y N A M R E G Y
G B T F I O I Q P Y L X Q Y M X M A P
T N M X X W D A C G M L W I J U Y V X
I N D I A J A L Q U F U F L L T O T L
Y L Y V N A S G C W Q F D F L S K I N
K T H B Y C V Z M R S N O S B Q F Y Z
C F W T P S U V Y B O J D B W E X N H U
L W S E J A O Z F W G S E C P O B M N
U P E Q H X H M E Z Z X Z X J J U Y C
C X W X B J Z M C F R R U R A V C P W
M N I W F K Q E U N C U O W K X B V K
```

Ancient Queries

1. The ancient Roman town of Pompeii was destroyed—and preserved—by the eruption of which volcano in 79 A.D.? _____

2. The first ancient Olympic Games to be documented were held in which country in 776 B.C.? _____

3. The colossal rotunda of which Roman temple is the largest unreinforced concrete dome in the world? _____

4. Meaning "rock" in Greek, which ancient wonder was an important crossroads between Arabia, Egypt and Syria-Phoenicia? _____

5. What is the name of the half-sunken, ancient stone city on the Micronesian island of Pohnpei? _____

6. What is the name of the Gaelic harvest celebration associated with pagan ceremonies and feasts? _____

7. In which country is the ancient temple complex of Angkor Wat located? _____

8. Which religious artifact is kept in the Royal Chapel of the Cathedral of St. John the Baptist in Italy? _____

9. What is the name of Earth's most recent supercontinent, which formed about 270 million years ago? _____

10. Bearing sticks and chains, who's the devilish anti-Santa that stalks all the worst kinder? _____

```
N Q R S V W P R Z P E I M X S I X M Y
H I L D L O P A W R U I P E M B L X Q
K C R B C G W R N Q P V O X O X O A O
W H M U R N X T V G S W K P I J I E S
B I F E T G V Y Q I A T K C R D X D X
N U E D X F N I R I H E R B O N W Z N
O C V F L Z O F V I E F A B N K W X I
E N B X R M E D Q U W M M P E W C I V
H V R C A W A I U Z K A P A R T E P H
T W J P B V D M A O C M U W N M L Y O
N W E I T I R K C X R K S C T U L J D
A R C Q T T M Y R O M H X D I Z E G M
P I B E I Z J K H P S I S V Z R F H W
Q Y M H O S S V D M F Q H P I X R F R
R O K U P T R J T G E A Q J T R S I O
M V S Q V B G N W K B U C R T L I Q C
W N A N M A D O L Z G C C G G Z F Z G
X Z C P X I R O C J R O P X G I Y X F
V O D S Y S J D R M K M Q E V N M V S
W Z D M O C J J O J Y V B O P I E N V
J A K I T S U I V U S E V T N U O M S
Z T B A I A N A R N W W O P T I G N D
Y K N E S A M H A I N W U D D T S R U
C D G N M R H O M W O O G K P Z V J W
```

On the Coast

1. Tenerife is the largest island in which archipelago? _____

2. What is the name of the island nation directly to the south of India?

    _____

3. On which peninsula is Balaklava, where the futile Charge of the Light

    Brigade took place in 1854? _____

4. The islands of which former Yugoslavian nation are popular tourist

    destinations for pasty-skinned northern Europeans? _____

5. Fiji has three official languages—English, Fijian and what is

    the third? _____

6. Which country has the longest coastline? _____

7. Tasmania is an island state belonging to which country? _____

8. Which Asian island city-state was ranked the world's most expensive

    city in 2016, for the third year in a row? _____

9. On which Caribbean island, in a villa once owned by *007*'s creator

    Ian Fleming, did Sting write the song "Every

    Breath You Take"?_____

10. In what country are the islands of Islay, Mull

    and St. Kilda located? _____

BONUS

Which resort island has been vacationed on by sitting U.S. presidents, including Bill Clinton, Barack Obama and Ulysses S. Grant?

E W W Q K W O V O D N L U A Y S Y H Z
O R T V L B C S N E V Z V K D M R Y L
W T O H Z T Y A I Z R S R N B D P O J
Z D Z P B Z L Z Y A W E C A B V H T B
V I O F A T V B I E O A O L A U U X K
R J R V O G M W N K N U F I B F A O D
B V O C Z A N N W A C V X R T Z Z D A
J M S F K M M I R J V X N S U F E U C
T H G S U B Q Y S T F Z D P B W T A H
T S T Z R Y I E T Q V K M M J Z N M G
X Z W K S S B L I C L U E K O A O Q T
I C Q I L N G J U H L K C H D Z O I N
S G X A C R O A T I A A T A X D H P T
T G N M X A L Z O Y H S N P X P B W V
Z D T L F K X C I H Y Y C Z D J G P S
S N M I T Z H H T F D M R B Z A K C U
E A I L A R T S U A J B I U R T T N M
U O N K J W N Z J P N R M I B K J I Z
T Z V Z T L E W N A A A E U Q P Z B N
J Q Y L N Q P P C G M E A E S O W D W
H R C Z Z Q O A A H H A W T Q C J R V
U L C U J M Z N L X Y V I Y G S O C B
N P S L D P J S V P M D Q C F X G B R
I D N I H L E X M C F G G T A V W L I

Capital Cities

1. Which country is home to the city of Bratislava, the only capital city in the world that borders two independent countries? _____

2. Which is the only U.S. state's capital city with not a single McDonald's fast-food joint? _____

3. The capital city of which island was the starting point of Diana Nyad's epic 103-mile swim to Key West in 2013? _____

4. The capital city of Delaware shares its name with which British port town famous for its chalky cliffs? _____

5. In which European capital is Marie Curie entombed in the Panthéon? _____

6. What is the westernmost capital of mainland Africa? _____

7. Natives of which European capital city are known as Varsovians? _____

8. Ouagadougou is the capital of which African nation? _____

9. On which continent is a capital city with the most French-speaking people outside of Paris—more than 9 million? _____

10. Which capital city is home to the Colosseum, Trevi Fountain and the Spanish Steps? _____

BONUS

Which two U.S. capital cities have rhyming names?

```
N G K N N M B R S E O A S I P Y Z N W
H I S Z F R P X B T W X I U L J S M A
H F N M E D C P K X V V Y K B C Z Z S
T Y Z P F Z C W S M B M D Z A W B K R
J G O H T H X V L U N U Z H N V I W A
H T K U E A F V R E I L E P T N O M W
D K W Z C Q K K U P V Z Z W A Z Y L B
T Y G I R Q I O B Q Z B E S P R V X S
L Y R P V N D O V E R I L L C G I U O
X F Z O A T C E U T F O N E M O R S G
A T D F Q O I C U G U K A G W F B E K
A H A P A O U E P L Q H H L Q P U W X
L S R E C O H X V E K S Y G U X T B H
O Z X P A O I Q C C P P L R D H R G T
R X I K D H H P Q V W Q O M Z J M N Q
H K C H N B C Y J O Q S Y O D O A V T
U F U H B U E D W N G L L V A W N A A
T S B C B B M W O H C F I T K Q J Y X
H G X A L X Z F R M L Q G A L U F X
O L K C Z H Q H B T T U C X R M H X Z
H D W W M E Y C O W M Z S J L X R F V
E X Z M P T J Y X D J P A K X K T G N
F O G K B W I R C H N X H L F U Y Q I
J S G A A V X J F N F Q E S Q K W A T
```

Cities of the World

1. In which city would you find the main square of Piazza San Marco? _____

2. The Roman Catholic nun Mother Teresa is recognized for her missionary work with the poor in which Indian city? _____

3. Which single New York City borough is not located on an island?

_____

4. At 2,716.5 feet and more than 160 stories tall, the Burj Khalifa is located in what Middle Eastern city? _____

5. In 2010, which Asian city suffered a 62-mile traffic jam that lasted 12 days? _____

6. Which city has the world's most billionaires, according to a 2016 report by *Forbes* magazine? _____

7. Which U.S. city, known for its rich musical history, also boasts the world's only full-scale replica of Greece's famed Parthenon? _____

8. Which city was D.B. Cooper's planned destination in 1971, when he hijacked a plane from Portland, Oregon? _____

9. Which city in the western hemisphere was home to the first public planetarium? _____

10. In which European city would you find the Luxembourg Gardens and the Latin Quarter?

_____

BONUS

Which of the following cities is the farthest north—Boston, Amsterdam or Vancouver?

```
P L X Z G N X X O I P B E A N G M V M
Q E I K V E Y B N H E L Y A E N W T V
F C O E Y W R P Y O T E S Q U I E G I
I D B J G Y K E F T R H I Q L J S B C
P A A T F O T N A P V B X H I I C U O
U Z H V F R I E V I W I E Q I E I E N
N L G M O K S V L R T F Q H Z B T W C
S L A X S C I L A I I D B G T Z J F N
A Q C T X I E Q M Z K W D B C E H W L
B T Z S R T Y Q H O Q U J C P G P O A
E X G B T Y J U D X I A K A N K E Z X
B Y P K N V R M U Q L U R H K R Q F K
I U R O O I Q X Y Z M I N E J L O Q W
T N L N N Y W H K F S R I Z N Z Z T J
F K J Y K C V F S B J S G R C B Y Q H
A T T U C L A C M Y C T Q B F L T N T
J U C A S F G I V Q W E O B G J B F S
I J E S B J U F W G M M G P G C A A Z
X R C Z V T C G O A J G H S Y T C M D
B Y E P E E J Q G I D S M O J F J S P
S O L Y G K N V G D U M L V H U U I O
C H I C A G O I B W B S T O D T M C O
M L D D B Y F L C V A S T N T W Z B T
E C T W Q S Z Z E E I S Q L Q X J M E
```

What's in a Name

1. Firenze is the Italian name for which Tuscan city? _____

2. The name of what witchy city in Massachusetts is an Anglicized form of the Hebrew word "Shalom"? _____

3. What name was the Russian city of St. Petersburg changed to in World War I? _____

4. What is the name of the ninth month in the Islamic calendar?

   _____

5. What is another historic name for the Democratic Republic of Congo, or Congo for short? _____

6. What is the common name for "The Anti-Fascist Protection Wall" that existed in Europe from 1961 to 1989? _____

7. At the White House, what's the name for the porches that lead to the north and south entrances? _____

8. In which country was the main stadium for the 2008 Olympic Games nicknamed the Bird's Nest? _____

9. The remote island of Rapa Nui, home to 887 moai, is known by which festive English name? _____

10. What is the better-known name of the Island of the Pelicans in San Francisco Bay, which was home to the first lighthouse in California? _____

BONUS

In which city would you find an airport named after a U.S. president and first lady?

```
M L E Y V O Q G Z J Z U P U I U B W F
V P A N T D Q H V A G S Y Q U E L B N
Q P Z T F L V I R Y H M B U R R N N H
Y P A T F P U T C Q D A A L H E E E E
N G I Y J W A T X A L P I X V C V A L
M X R C N C S G S H O N Z U B J P B D
Q I E H L C D T Y E W Y A V U J B C A
S Z M A H E T I S A O I J N W D S G J
U M B I Z C E Z L A Q C R A M A D A N
E D N Y T N G L Y L L X I D I G O D R
M A G G G E J B P Y I E O T F B I R W
Q L Z G S R R G E Q X B M H R K N Y S
Y L Q N C O R F A I J Y M K S O P O J
P T D V Z L Q O S O Z H V L M K P V N
C M D C H F I N T K A M K H H F U G C
V E T T S G Q F E H W Y W S P Z L D C
N F A A G N U E R U H S S I G D V H Y
S L O E F K I X I H W E X R R H H N H
Z S E Z K E V Z S Q A Y D Y Z L S H V
J O B Z X I C K L J A Z X Q B O O X A
R J J G E G O I A H H Q V Y C A M T O
I O U W M I C M N D X A Y G K D F C F
A W G N V G C J D N V K J W B I I H D
D A R G O R T E P I S E L U N L T N H
```

States

1. What is the only U.S. state allowed to fly its flag as high as the national flag? _____

2. In which state is the largest U.S. national park located? _____

3. Which state is known as the "Show-Me State"? _____

4. In 2016, which state was determined to be losing one football field's worth of land each hour to rising sea levels? _____

5. In which state does Punxsutawney Phil reside? _____

6. What Volunteer State was the first Confederate state to be readmitted to the Union after the Civil War in 1866? _____

7. Which Western coastal state has both the highest and the lowest points in the continental U.S.? _____

8. Which U.S. state is home to the Blue Angels? _____

9. Which U.S. state is the closest to the continent of Africa? _____

10. Which state, in its entirety, was listed as one of America's Most Endangered Historic Places? _____

BONUS

How many states do you drive through on U.S. Route 83 if you start in North Dakota and go directly south to Texas?

```
N Z D S Y V U Q A W Z A L S K Q V Y C
A D I R O L F E K I I E A P H K D N L
N E J K P M A M S N S X X Y N S P B X
P C H L W B I K A C E W L O G U R A Q
T N M O G S P V L T T H R T I V J B O
W O T S S X L A A U T W L Z V O N M P
X Y D O E Y X X K W H S P W A Q W G K
A C U H S G X P X H G E M Y H L X E T
H R N N T V E S W X C Q B L I R F K E
I I N I N V G G Z I O D C V V G A K N
B E W U R V L C T B D B K P F D L V N
P M A I N E R O O Z B W H Y W P A C E
O Z N T X M O H U T X Q G O R B Z N S
V B X A N N J Z D I J O M W U T A D S
C A L I F O R N I A S P N Y Q H A Z E
G X J V J Q M E O V N I S Q Y L S S E
O E B K U Z F R G R J F A E G U U B T
C V N D W U Y Y E E W Z F N L Z Y T V
E T S L G W G F V V V T V D A S U V U
X Y G E I K C J Q Y M L V H U R D R Z
G B L O D P E I I C Y O B S V R O W R
T Z F B L K N R K J H S O K Y S W Y D
O F Q I S S J P U D H R I N L J R F D
D L D A U W B Z S Q M B C X J I Q P Q
```

Let's Celebrate

1. What is the name of the Hindu spring festival where participants throw colorful powder on one another? _____

2. Which seafood festival in Niceville, Florida, celebrates a fish that shares its name with a decades-old hairstyle? _____

3. Which festivity meaning "Fat Tuesday" is celebrated on Shrove Tuesday? _____

4. In which city was the first Gay Pride parade held? _____

5. Which plant does Gilroy, California, celebrate every summer during a three-day festival? _____

6. In which month does Canada celebrate its Thanksgiving Day, getting a jump on the U.S. festivities? _____

7. Which mineral-rich material is trucked into Boryeong, South Korea, for an annual festival that attracts more than a million people? _____

8. Which Spanish festival is featured in Ernest Hemingway's *The Sun Also Rises*? _____

9. What do you throw during the La Tomatina festival in Buñol, Spain? _____

10. Which Canadian city hosts the Caribana Festival, a Caribbean island celebration that boasts the largest one-day parade in North America? _____

```
C B U Q M U K U L M F B R K K F P L N
D A U U Y A G L A Z A A E G W Z S M D
K C D A W L M R M S M X B V J S W B I
Z Z I U W K D C Z H O R O J Y K B P G
R X J N M I S N K B N R T K Y N W U I
B K V M G B F C S K F E C L T B L L M
A J M R B G O U E O G M O A I O I R Z
P D A S X T C F F M H Y B B W U B T T
F S S B N J I Y Y B H E A V K S H E I
C F E O A K R N I M R E F N A S O Y N
P I R N M B D V M J H F F W Z T L X C
Q O D C U B P N Z E J K M T V T I J M
T R G Z K R C C K B F E Z Y T E N F N
T G K J B D S Z Q F B C Y O Q A Q L E
M U L L E T M I N R S E D U B P P N W
U Z T E P J L V T A Q E D K I W Z L Y
Y E Z D A V Q K U Y J G O L S B G F O
G I V P Q X T D F U I V E T D U H P R
O A T W R F J O J B H O E J A I V H K
L B R A W S T P M A P F H Y G M K S C
U I L L C N P K C A A T N O F V O M I
Q I R R I Z S K Z V J K G H H B M T T
J D P Z U C G G D I X Q B I Q M W L Y
A I T S O V V S A E U F U O A U N D Y
```

Famous Flags

1. What bird features on the flag of Dominica? _____

2. Which country's national flag is the only one not rectangular or
   square in shape? _____

3. Which country's flag features a cedar tree? _____

4. What flag is yellow and white and features two crossed gold keys that
   were mentioned in the New Testament? _____

5. Thought by many to be the oldest flag still in use, the flag of which
   country is a white cross on a red field? _____

6. Which of these flags does not include red: Italy, France or
   Ireland? _____

7. Which country has a map of itself on its flag? _____

8. Which bird features on Ecuador's flag? _____

9. Which country's flag is known as the Saltire? _____

10. The flag of which South Asian country looks similar to that of the
    United States, complete with red and white stripes and a field
    of blue? _____

BONUS

Name two of the eight country flags that bear red, white and green horizontal stripes.

```
Y Y I D S Y D W D F P Z V H X A L I D
Q T W P C Q N E S U R P Y C I L M A L
K U I Q B M A Z N B C Q Q S U D F N W
B Y S C F H L R S M G H Y M G O Y C B
P Q U U N A T U O M A A S O J F M W W
N D I L D A O K I D L R G S F S A W K
L E P V P T C V M A N Q K W G F Q J J
I G T U S N S I M F Y O Y B D T Z Q Q
W W R Q U S L S T R Z L C C S A Z D K
T U F E O P Y Z K A P A I A J Q D A X
K R D R A A J U A S V P R M U U C K C
Y S N R H D Z O W P I E E J F O P M K
M P R L U W E X B E D N L L M D V D N
Z O P V L K X J M I H H A B D T L D F
T N I I P V E O X F R P N N P U I E I
V T M U S X A N P A L W D S H B K M H
L E B A N O N I V S J B E I P J H C N
J F S T S I E C P I K S Y U Y V W O C
F L W H L O K P C C Q Q E O M O Z O J
M C Z A X Q Z G T V P H H P K J V M W H
D P O B K D G O M P Y K Q F Y B V G I
A A V H D V F A M K Y R E P N O S K E
W I K Z E Q Z C R T C O H K Y U H J N
B Z E L K W D E N Q M K M A T Q V G R
```

Water World

ACROSS

1. On which continent is the 12,500-square-kilometer Lake Vostok located?

3. Which country boasts the biggest barrier reef of corals in the world?

5. Which fast-disappearing island nation receives 10 percent of its income from royalties from the use of its national internet domain suffix?

6. Which river, known as the "mother river" by the Chinese, is considered to be the cradle of Chinese civilization and is the muddiest river in the world?

7. What is the deepest gorge in the United States?

9. What is the name of the narrow body of water between Sudan and Saudi Arabia?

10. Which city became the first to dye its river green on St. Patrick's Day, a tradition which dates back to 1962?

11. What's the name of the week-long celebration in New York City where the public can mingle with Sailors, Marines and Coast Guardsmen?

12. Which of the five Great Lakes does not have a border with Canada?

17. Which U.S. state has the longest coastline?

18. Which body of water is shared between Switzerland and France?

19. Which U.S. national park is 95 percent water?

21. What is the largest inland body of water in the world?

DOWN

2. Which scientist sailed the HMS *Beagle* to South America, including a stop in the Galapagos Islands?

4. The energy from the Hoover Dam serves the electrical needs of this and two other states.

8. Which U.S. lake fills the collapsed caldera of the volcano Mount Mazama?

13. The energy from the Hoover Dam serves the electrical needs of this and two other states.

14. Which large, cold country has more than half of all the natural lakes in the world?

15. The energy from the Hoover Dam serves the electrical needs of this and two other states.

16. Located in Siberia, what is the name of the world's oldest and deepest freshwater lake?

20. Which is the smallest of the five Great Lakes by volume?

World Cuisine

ACROSS

4. What is the term for the Middle Eastern style of cooking meat, usually lamb, on a vertical spit?

5. What is the main ingredient in the Indian dish biryani?

7. In which country does the word "pepper" translate to "paprika"?

8. In which Canadian province did the dish poutine originate?

9. What is the most commonly eaten fruit in the world?

11. Which Manhattan vs. New England style soup rivalry heated up in 1939 when Maine tried to make it illegal to add tomatoes to it?

14. In which country would you likely be served chimichurri with steak?

17. Which Canadian fast food chain has more than twice as many restaurants than McDonald's in Canada?

21. What fruit, called *anana* by the Carib Indians, symbolizes hospitality?

DOWN

1. What is the main ingredient in Japanese yakitori skewers?

2. Which drink, popular in Polynesian culture, numbs the mouth and is said to have soothing qualities?

3. What is the name of the traditional Middle Eastern sauce mostly consisting of crushed sesame seeds?

6. Which stewed vegetable dish originated in Nice, France?

10. What is the national dish of Scotland?

12. In which country would you most likely encounter Vegemite on your toast?

13. Norway is the home of what dish that's made like a thin waffle and rolled into a cone?

15. Arepas, a popular breakfast in Colombia and Venezuela, is made from meat and veggies stuffed in a type of cake made from what?

16. In which country would you dine from a smörgåsbord?

18. Which North African stew is also the name of the dish it is cooked in?

19. What is the name of the traditional Japanese broth that's made from fermented soybean paste?

20. Austin, Minnesota, is home to a museum dedicated to which globally popular canned meat product?

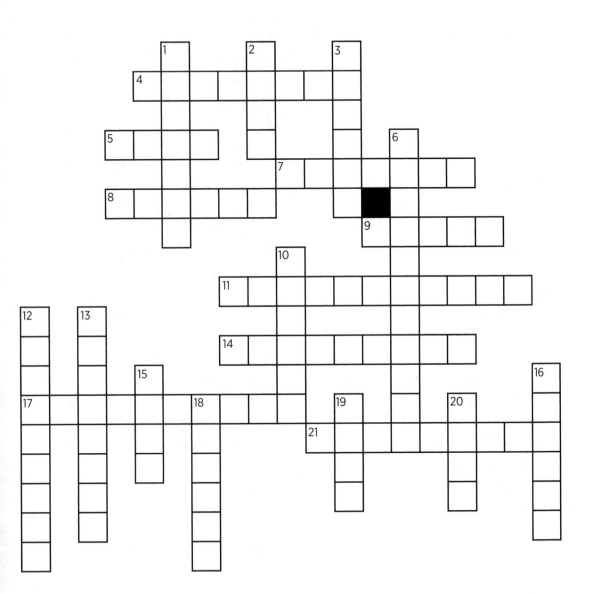

Stupendous States

ACROSS

1. Which state boasts the Hermitage, home of Andrew Jackson, the first U.S. president not from Virginia or Massachusetts?

3. What cattle end-product was named Wisconsin's Unofficial State Muffin in 1989?

4. Which state was known as the New Hampshire Grants before it was admitted as a state?

7. In which state is the historic Shinnecock Hills Golf Club located?

8. Which U.S. state is home to the *Dazed and Confused* students at Lee High School in the memorable 1993 coming-of-age movie?

12. In which state is Fort Knox located?

14. Which southern U.S. state grows more fresh peaches than Georgia, "the Peach State"?

18. One of two states you are traversing if you cross the Mississippi River on the Natchez-Vidalia Bridge.

DOWN

2. In which U.S. state is White Sands, where tourists can go sledding on 275 square miles of dunes made of ages-old gypsum crystals?

5. Which U.S. state has the longest official name?

6. One of two U.S. states that has the most national parks.

9. What is the last U.S. state to finally have its own national park?

10. In which state is the mining region commonly known as the Lead Belt?

11. One of two states you are traversing if you cross the Mississippi River on the Natchez-Vidalia Bridge.

13. How many U.S. states border the Gulf of Mexico?

15. Arches National Park is in which U.S. state?

16. Which single U.S. state grows coffee commercially?

17. One of two U.S. states that has the most national parks.

Everything Else, Pt. 1

ACROSS

2. Who was flying the 1905 airplane that hit a bird in Dayton, Ohio, becoming the first pilot involved in a recorded aviation bird strike?

5. What was the first global radio navigation system that also shares its name with a luxury Swiss watchmaker?

6. One of two brothers who founded Rome, according to Roman mythology.

12. The word "vodka" is derived from the Russian word *voda*, which means what?

14. One of Italy's two largest islands.

15. Which South American country lays claim to the invention of the Panama hat?

16. The highest peak in the Caucasus Mountains is in which country?

17. Which U.S. university campus is home to the "Touchdown Jesus" mural and "First Down Moses" statue?

20. In which country is Kronborg Castle, a Renaissance edifice built in the city of Elsinore, where Shakespeare's tragedy *Hamlet* is set?

21. Which spice are people in Denmark doused with if they're single on their 25th birthday?

DOWN

1. In 1814, Napoleon Bonaparte was exiled to what island in the Mediterranean?

3. Which Nevada city is the setting for a Comedy Central mockumentary about a short-shorts wearing cop and his bumbling deputies?

4. In 1978, which publishing magnate held a fundraiser to save the then-crumbling Hollywood sign?

7. Which Greek alphabet letter was reimagined in 1996 to become the currency symbol for the euro?

8. One of Italy's two largest islands.

9. In which country would you find the monuments the Big Fiddle, the World's Largest Axe and the World's Largest Lobster?

10. Which small African nation is completely surrounded by the nation of South Africa?

11. What is the Japanese word for carp, specifically those that have been bred for their color in ponds?

13. Which airport's international airport code is ORD?

18. One of two brothers who founded Rome, according to Roman mythology.

19. If it's 3 p.m. standard time in Mystic, Connecticut, what time is it in Juneau, Alaska?

Everything Else, Pt. 2

ACROSS

2. Which beast of burden does the desert kingdom of Saudi Arabia import from Australia?

4. One of the six official languages of the United Nations.

5. What is the German highway system called?

7. What was the traditional name of Iran prior to 1935?

8. Fidel Castro had a statue erected in Havana of which British music legend?

11. Which land, located in the Balkan region of Europe, declared its independence from Serbia in 2008?

12. One of the six official languages of the United Nations.

14. One of the six official languages of the United Nations.

16. One of the six official languages of the United Nations.

17. Near which U.S. city is the world's largest tire, at 80 feet tall?

19. Which nation, often called "the Switzerland of Central America," has no standing army and an ex-president who won the Nobel Peace Prize?

20. When East Pakistan separated from West Pakistan, it formed which country?

DOWN

1. The landmark known as Le Pouce in Paris is a 40-foot-high bronze sculpture of what body part?

2. The cities of Indio and Palm Springs are located in which California valley?

3. One of the six official languages of the United Nations.

6. Which mythical horned creature is the national animal of Scotland?

9. Which sub-Saharan country was the first African country to write and incorporate protection of the environment into its constitution?

10. Where is the Nathan's Famous hot dog-eating contest held each 4th of July?

13. What is the Islamic pilgrimage to Mecca called?

15. Which country is the final resting place of Dian Fossey, the mountain gorilla researcher who inspired the film *Gorillas in the Mist*?

18. One of the six official languages of the United Nations.

FUN FACT

Though most versions of Trivial Pursuit come in cardboard boxes, the Millennium and '90s editions used another material: metal.

Science & Nature

This section is a cranium-scratcher.

Big Business

1. Which iconic film actor gave IBM computers "a human face," according to a 1983 *Time* magazine article?

   _____

2. Which company, founded by British mogul Sir Richard Branson, conducts suborbital flights in its *SpaceShipTwo* space plane?

   _____

3. What pop star, known for being swift on his feet, took an ownership stake in MySpace in 2011?

   _____

4. Which U.S. car manufacturer was the first to offer GPS as a factory option in its vehicles?

   _____

5. What billionaire tech mogul owns 98 percent of Hawaii's smallest accessible island?

   _____

ENROALOMEGSTR

IHCACHNLARPELI

SNARLIOERLLY

ARGGTICICIANVL

USELNTAJIMKIRBTE

1. Which American chemical company has supported U.S. war efforts abroad by making mustard gas, napalm and Agent Orange?

   _____

2. What is the term for the technology used in the apps *Aurasma*, *Ingress* and *Pokémon Go*?

   _____

3. Who is credited for directing the 1984 commercial that debuted Apple's personal Macintosh computer?

   _____

4. What nerdy, upright two-wheeler was first unveiled to the public in 2001 on *Good Morning America*?

   _____

5. Which product, first sold in 1990 as the Power Drencher, was invented by an engineer working on the *Galileo* mission to Jupiter?

   _____

SPERSORLWNEATYGTPAROEANSR

KORPEASURSE

CPAMDYOHENMICALCWO

TATDNLUGMERIEEAY

TTLIOESCYRD

BONUS

Which of these three cities has the most tattoo shops, according to Inked *magazine— Las Vegas, San Diego or New York?*

Trailblazers

1. Who was the cofounder of MySpace, who also became everyone's first friend when they joined?

2. The Winklevoss twins sued which billionaire for allegedly stealing what they claim was their social-networking idea?

3. Name the knighted host of many nature shows, including *Life on Earth* and *The Life of Birds*.

4. Which scientist's synthesized voice was sampled in a track on Pink Floyd's 2014 album *Endless River*?

5. Which artist had a quick method of identifying birds that was so effective the Air Corps adopted it to distinguish planes?

EESGEYTNPROORRORT

SIDHVEUARTOODABGRNIT

NNAHHGKWPEETSI

TMDSAONORNE

KZEBKCGRAMUERR

BONUS

Which British pottery maker was Charles Darwin's uncle, who helped his nephew get a job as a naturalist on the ship, the Beagle?

1. The inventor of Liquid Paper correction fluid was the mother of which member of The Monkees?

    _____

2. Which president's 1809 journal entries were pithy enough to be tweeted by the Massachusetts Historical Society 200 years later?

    _____

3. Dr. Frank Drake's "Drake equation" describes the probability of the existence of which type of civilizations?

    _____

4. Which inventor proposed to his second wife using Morse code, which proved effective because she dot-dashed him back "yes"?

    _____

5. Whose free-fall from a space capsule in 2012 broke the sound barrier for the first time by a human without power?

    _____

RRARTTIXESTAEREL

SNLETHAIMCIHEM

ANQSDCNHOUJYMIA

EAIRRUXGLETNBFAM

HTMNSEIASOOD

Modern Technology

1. What term is used to describe the connection between machines, often within a household, so they can interact and work together?

   _____

2. The first text message, sent in 1992, contained which two words?

   _____

3. Who praised a high-tech exhibit at the London Science Museum in her first Tweet, on October 24, 2014, and signed it "Elizabeth R"?

   _____

4. Which unlikely phrase describes the creepy feeling we might get when we see a robot that looks just a little too human?

   _____

5. Which piece of music by Beethoven determined the size of the first CD, 4.8 inches wide and big enough for 75 minutes of music?

RRCHYMAIETMRSS

INTIERHNEFGTSTON

BQULANTEZHIEEEII

SNYNHIMHPYONT

YEYAANCUVNNLL

BONUS

In texting, what does "IMHO" mean?

1. What does the acronym "USB" stand for?

   _____

2. Which British scientist created the World Wide Web?

   _____

3. What does the acronym "GPS" stand for?

   _____

4. What does "LED" in "LED lights" stand for?

   _____

5. Which wrist-launched flying cameras generated lots of buzz at the

   2014 CES electronics trade show?

   _____

HTLIITGGDIEMODTINE

AESLRIRSELVSUIBNUA

ERNOFDLEISES

ISELTEMREBRNE

SLNTIOEPMOBLISNOGTGYSAI

Our Bodies, Ourselves

1. What is the name of the international public venture that undertook discovering the complete sequence of our DNA?

   _____

2. What is the name of the museum in Philadelphia dedicated to medical history and the "mysteries and beauty of the human body"?

   _____

3. The term "anosmia" refers to the loss of which of the five senses?

   _____

4. Which crazy illness meant that folks living in Great Britain between 1980 and 1996 couldn't donate blood in the U.S.?

   _____

5. What's the common name for the third molars inside a human mouth?

   _____

GCEMUHAEMEJNONORTP

MADWOCEEDSAIS

IDWTOSMETEHT

MÜTEUEUSMTRM

SSNEEOFLLSME

1. What is the popular term for the sphenopalatine ganglioneuralgia, head pain caused by ingesting cold food or drinks too quickly?

_____

2. In which 2014 bestselling book does celebrated physicist Michio Kaku explore the sci-fi-esque frontiers of neuroscience?

_____

3. Which human organ is another word for "bile bag"?

_____

4. Weighing in at approximately three pounds, what is the most complex object in the known universe?

_____

5. Which kind of nerves in the human body are called cervical, thoracic, lumbar, sacral and coccygeal?

_____

HETHMEUTNOUIDRTFFE

EBGDLLALRAD

BEERAINFZER

HUMIRNAANB

SENSRLIVEAPN

BONUS

What is the common name of the H5N1 virus strain that has killed hundreds of people, particularly in Asia, and millions of other animals?

Strange Species

1. How do you spell "cat" using the Radiotelephony phonetic alphabet, which begins "Alpha, Bravo..."?

   _____

2. What is the name of the neon glow emitted by an organism beneath the ocean's surface, similar to that of a firefly?

   _____

3. What North American insect migrates up to 3,000 miles over the winter after going through three or four generations over the summer?

   _____

4. Which kind of whale stalked and sank the *Essex*, the ship featured in the film *In the Heart of the Sea*?

   _____

5. Which deathly pungent flower, said to smell like rotting flesh, blooms only once every seven to 10 years?

   _____

COWPESLOFERR

CHAGARPLHITONAELA

TMHUROYCRNTLBFAE

USEENIECNMOILBC

SLEPEARHWM

BONUS

Beyond size, what is the biggest obvious distinction between big cat species and small cat species?

1. Which poisonous brown spider sports a violin-shaped mark on its head and neck, which explains its musical nickname, fiddleback spider?

   _____

2. Which "living fossil" is harvested by the millions each year so its blood can be used to test new medicines?

   _____

3. Which colorful crustacean can use its clubbed front legs to strike prey with the force of a .22-caliber bullet?

   _____

4. What breed of dog was Buddy, widely considered to have been the first Seeing Eye dog to enter service in the United States?

   _____

5. What is the name of the world's most remote chain of islands, home to a large number of land plants and animals found nowhere else?

   _____

TMMSAHNPIIRS

DRRSNUWBPIROCEESEL

RECOSOHBHRSEA

WAHAAISDLAINSNI

GHNEEERDHPSMAR

Far Out

1. Who was the first U.S. astronaut to eat a meal in space—applesauce from a tube?

   _____

2. Which orbiting NASA tool has been instrumental in discovering a new kind of black hole?

   _____

3. What is the explosion at the end of a massive star's life cycle called?

   _____

4. What is the fabled term for the zone around a star where a habitable planet could be found, not too far or not too close?

   _____

5. Which form of pollution means that more than 75 percent of Americans cannot see the Milky Way?

   _____

ESNUVPRAO

LHJNGNNEO

OHBPSAECLUEEECPTBESL

OPNLLLOHITIGUT

LOOICKGDLS

BONUS

The 1979 movie Alien _features what frightening tagline based very much on astronomical reality?_

1. What's the name of the region between Mars and Jupiter where large, irregularly shaped objects orbit the sun?

_____

2. Which galaxy is closest to the Milky Way?

_____

3. In which vehicle was David Wolf when he made history in 1997 by casting his vote in a Houston mayoral race?

_____

4. What is the name of the record-setting rover that touched down on Mars in 2004 for what was to be a 90-day mission?

_____

5. What "leggy" cluster of space dust in the Taurus constellation is the remains of a star that exploded in 1054?

_____

OPTYPORNUIT

DALRETEISBTO

EBCRNAAUBL

DORDNMAEA

PSRTSAIOENITACM

Amazing Animals

1. The "milk" of which unappetizing insect could join the ranks with kale as our next superfood? _____

2. What kind of fish did the angler in *The Old Man and the Sea* hook in Ernest Hemingway's masterpiece? _____

3. What behavior do cats engage in that may promote healing, even while resting? _____

4. Which wild animal was reintroduced into Yellowstone National Park in the mid 1990s? _____

5. Saluki, Borzoi and Komondor are all breeds of what animal? _____

6. What is a baby rat called? _____

7. Which remarkable organ in squid is most similar to our own? _____

8. Which breed of pooch was Lara, President Buchanan's pet, the largest dog to live in the White House to date? _____

9. Which sea mammal uses stones to crack open shellfish? _____

10. Which creature's long bill helps it to swim fast, up to an amazing 62 miles per hour? _____

BONUS
What is the name of the first animal cloned from an adult somatic cell?

```
J N V B N L G B R B Y K D L N W M J I
S A F W D N T A O D A T A E X D F L L
I O V A I S F T U O I W W V N L T V Y
E X O R I M T W Y E E F H A E U W G V
U E R R T R T O S L O P Q W B A W C Z
S U W Y A D F I R U Y P X I C E L Z R
P O R N D Y D P N H C A O R K C O C E
Y Y H Z M E A D P Q I E J R K Q J S T
H K B H V Q L I O X Z S L L Z J V P T
A Y H U S A A K O D Q U D N J E G O O
K B B C N I E T B W Q H Y H O G H S A
Z F C D S E F D W V S G R I S X V M E
M B H W J N X D B S Z J M I V Z N Z S
O V B I E M X T R A J W B W B U S X D
Z W P Z W H H F V O E Y E Y D S K F N
Y Q B O G S Y T Q Y W C A U T F D C E
H B F N P T U C A E L S O U R U E D I
C N K W X I M A R L I N L M Z R E I L
H J X L H X O A H A B G X N U M D O Y
P H X O U U F M W U S Z S A S F Q M X
G Y M J D R L W R O P J I S F S F T P
M A D T O H H K A P L F F Z Z R J U F
J H E X G E O P H L Y F O O I G P R Y
B Q D A T F U F T K P V G M F W U B X
```

True or False

1. The Hygiene Hypothesis supposes that kids who play in the dirt are less prone to allergies and asthma than those who don't. True or false? _____

2. Feline tapeworms can be spread to humans. True or false? _____

3. The craters of Uranus's moon Umbriel are named after evil spirits. True or false? _____

4. White asparagus is green asparagus that hasn't been exposed to the sun. True or false? _____

5. Tang was invented as a beverage for astronauts. True or false? _____

6. Bill Gates said, "The internet is just a world passing around notes in a classroom." True or false? _____

7. Giraffes can clean their ears with their tongue. True or false? _____

8. The average lifespan of a housefly is 24 hours. True or false? _____

9. In surface area, the country of Russia is larger than the dwarf planet of Pluto. True or false? _____

10. The three astronauts on the first lunar landing mission all had life insurance policies to care for their families. True or false? _____

```
G J R X A P T L H L J K D Q W Y K K B
E V J R A J M G A L S U H G T K M S T
K O R M V A I E P K M K I M I H I N H
F O H V K X S U M V Y A E J N Y X M M
Q J K V I L H R B A N N Y U O P T R X
B L K X A O Q T U F I M G X R G R U C
I K L F G B A L C J C E G X F T U S H
F Z O F R R O I E D B E K N J C E G C
H A P J L S F U Z Q L E U R T J A T A
F A L S E H R Z F E V A M L F T Z I S
C S Z S O T P F N S S S E W H O L F E
P L D C E B Q Y T L T E M C G U M B Y
H K E F V W Z R C A U P S D B M X G B
A A T B N G U Y A F L K G Z X W H U X
A U Y C U E R X L L Y N R U C S H J I
N S B T S C O X Y J M I Q R T G U Q T
V W N B C H N J J H Q D E V K W C Y J
K Q F G R A P Y P T H F Z F E A H I G
A Y R J D K A H Q H Q A F R F C O W B
R A E E G O D E D V V S V X O Z V R V
R U B G U M B F J Q F H Q L J J E T P
M U G I N A A B P J G R E S H R A R X
I S S U C W K I W K U F H G C Z C U Y
K H A D M G U W I Y N V L B W S E Z Y
```

The Greater Galaxy

1. What is the actual color of the sun? _____

2. With 53 confirmed moons and nine unconfirmed, which planet is tied with Jupiter for the most confirmed moons in our solar system? _____

3. Who was the first American woman in space? _____

4. What is the name of the rare second full moon in a single month? _____

5. Which "viscoelastic" material was developed in the 1960s for NASA, but makes for comfy mattresses and slippers? _____

6. What is the fitting area code for the Kennedy Space Center in Brevard County, Florida, because it simulates a launch countdown? _____

7. Spaghettification is theoretically what would happen to objects that neared the event horizon of a what? _____

8. What distance above sea level is the scientific definition for the edge of space, called the Kármán Line—62, 95 or 150 miles? _____

9. What is the name of the astronomical tool created more than 1,000 years ago and used to compute time and the positions of stars? _____

10. Which astronaut, the last man to walk on the moon, etched his daughter's initials in the lunar dust before returning to the module? _____

BONUS

Which legendary plane flew to the edge of space in 1967, setting the world's speed and altitude records of 4,520 miles per hour (Mach 6.7) and 354,200 feet?

```
S Q P U P T N M U S A U R R K Y I R W
N A O Z U R R A H U D P U Z T I G T C
A O L U U P U P O P A Y K P R H B X H
N G X L M O T N E W A O V M C Q I E W
R G F N Y Z A T I S T S C J S B T O V
E T O P T R S H T O E Y I Q Q X J M F
C T I J R J I R L T I G T P I F A I G
E G S Q E G O D I U S O Q X J I C B W
N M W I S L I H E N E E F Z I P T B F
E F M K A O W K G K V C Y G U S Y L K
G W Y B N X D E F W J O W T O Q E A A
U O E K O B E U B Z E L D A Y N B C C
E Z R H G E F I H P P Q I A O D T K W
U T Q M M I B D E P H G O O G C X H S
Y Y Z U Z K C D C X I Q W K Q H I O R
V T E Y D A C B I B L T Y H M K S L H
Y Z F F X Z W O J K E N D C X Y K E C
T B X A X B Y H F E A O D D O S X K Z
S Y I L M E M O R Y F O A M B F X O E
Q P Z U J Y T H I L U C P T Q N U C B
Y P R S I U T N H J S S W O P E P K I
H I A G N X U R E I N X S K M K Z P H
N O O M E U L B H Y B E B O Y N J Y A
S M R P W Q O J P P K X Y U F G R N Q
```

Rev Your Engines

1. What car, nicknamed the Tin Lizzie, was named most influential car of the 20th century? _____

2. Which muscle car rolled off the assembly line in March 1964, selling more than 400,000 in the first year of production? _____

3. Which type of engine uses the same basic technology as a pressure cooker? _____

4. Which engine component reuses exhaust to increase the power output, allowing the vehicle to accelerate faster? _____

5. In 1973, the Oldsmobile Toronado became the first car to include which groundbreaking safety feature? _____

6. How many people does it take to drive an autonomous vehicle? _____

7. Which billionaire entrepreneur is also the founder of the spaceflight company Blue Origin? _____

8. Which airline was Capt. Sully Sullenberger flying for on the day of "The Miracle on the Hudson"? _____

9. Solar Impulse 2, the first solar-powered airplane to circle the world, landed in which capital after a 16-month, 17-leg trip? _____

10. The Electrobat, patented in 1894, was America's first what? _____

BONUS

What was the cost of the first Ford Model A, ordered by a dentist in Chicago in 1903—$550, $850 or $1,250?

```
F T G H B Y O C R U G E J I B X M Z W
L O N P E B D N S K N S E M V N M A X
S X R B C H B A D I A P F W H X W O B
Z T Z D Y K I M G S T Y F Y O V D D U
Y N Y Y M R E N Z K S J B G U S T Y L
U Q H P W O E X Q G U C E Q A B M C O
V Q E A Y M D A I U M P Z B Q B U V R
Z N Y Y A X U E R R D H O B Y C R M K
O S R E X B C O L V R T S U G O Q I X
U I T K R Y W P M T O I F K R R D T A
E S M N J E H O C O F F N O M E Q X U
Y F O W U K G I B A H D U B A Z Z U R
L H V T S V A R K S D Q E X G L K L K
B J D P X Z G S A O L W A M M S X V O
D T T N N H O J O H U M J E B Q M N D
Z T H U V E A O O Y C E Y H P X X F R
L J X N N P Y I H V X O P D I K P E M
L E L E C T R I C C A R B E O J F Y H
I W M K C R B Z U L H V P R D K H F T
K A A M T M G D E L G S Q O U N J W Q
H L U R Z Z J O R H T S O W N T D E M
J S L S T S F J E N W O K Q J U A B I
H J R S S N B H B Q O R T O K O Y P L
D K S S V G T M F Z Y S G D Z G R S X
```

Computer Class

1. Which mobile app started out under the name "Picaboo"?

   _____

2. What is the name of the digital currency established in 2009 with no central authority or middlemen? _____

3. How many pixels are in a megapixel? _____

4. How many color stripes were in the Apple logo designed in 1977? _____

5. At which West Coast university did Jerry Yang and David Filo launch a project that became the internet company Yahoo!? _____

6. Which company did Travis Kalanick and Garrett Camp start after having trouble hailing a cab in Paris? _____

7. Which e-commerce company's Pay to Quit program offers up to $5,000 to employees in their massive warehouses to resign? _____

8. Which smartphone pioneer announced in 2016 that it would stop making its updated classic keyboard model? _____

9. What was the first internet search engine called? _____

10. Which animated image format was invented in 1987 by Steve Wilhite, an engineer at CompuServe? _____

BONUS

In 1976, how much did the Apple 1 personal computer cost?

```
C P W B V E F C X B U Z D Y H Y W W J
M L B L R M B P E Z L X Y Q W J I J E
B O N E M I L L I O N A N I O C T I B
U Z B B U S T Y H O L W C B A Z Y B K
N U D C V C K V C K E Y B K D X E J R
S L M Z L L R D R E Z J L I B N W P E
N K D H W G A M A U Y V X P H N E B O M
A R L W L J E V O K K K D S D I R N S
P B W W T A I W X H G D I O E I F R W
C Q B R T L M J A W V S G R G D Z U Y
H E R W U J U J A Y N F P Y R T F P N
A A I U O H S S O Q U A E H W Z Z F E
T F D F B D T Z G N H C R E L H A M Y
F P E V S A R G W A V H Q N K C X V
K M O Q N G B O P Y E H M K Q Q N E T
D N Z F F N I P L V Q K T C T M G M Z
Y W O H Y F C F S Q K N U A W O Y B O
H R R D K S U Y Y P B V O R S I X R F
D H O J C V S S U X J J I Z E B B N C
Z G Z Q Y C N E C K P B E E A J V C F
M D J Y R S L Q E R N U P Y I M T Z E
O O G P A E O K T W H E M R E U A H P
K F S M M Z T O U P M A X H Q W R E Q
F A I T L S J Q B I H W N R K D F L R
```

Food Science

1. What is the name of the process that heats food and milk to kill harmful microorganisms? _____

2. Whose kitchen was moved from Cambridge, Massachusetts, to the Smithsonian Museum in 2001, complete with the Garland stove she cooked on for 40 years? _____

3. Which 19th-century scientist, an aspiring foodie in college, ate many of the exotic species he saw in the field, including giant tortoises?

   _____

4. Carrageenan, a slimy derivative of seaweed, is commonly used in which frozen food? _____

5. A Maillard reaction occurs when amino acids react with which ingredient, giving browned food its tasty flavor? _____

6. Lachanophobia is the fear of what food group? _____

7. The seeds of the plant *Coriandrum sativum* are known as coriander; what is the popular name for its leaves? _____

8. Haricot vert, flageolet and scarlet runner are all types of what?

   _____

9. What is the common name for the animal, occasionally served in restaurants, that produces the deadly tetrodotoxin? _____

10. Tempeh is made from which fermented bean? _____

```
Z U I N R E B S T W N H Q R Q Y W N R
R J V M Y P Y P N I M D A V T O O D F
U F U M A E R C E C I G G X U I D W E
C D E L P X O T X G U Z D R T K N X O
L T U R I A J D H S O A Q A O M F I W
V O R Q B A B T B D G H Z P E N D P Z
M B R Q S X C M T M L I G F B A J X H
A C D T P D S H T P R R O T G E H G L
E T P J N T I F I U U V D A B B I X D
T J W E F A M A E L K R D P O Y X L Q
Q Z H D E N L T O P D C L R O O Z F D
Y P Q Q O T S I U I G W S W K S J P I
Y J A E K A A F C A N R P J J R A Y J
Q N N Q P G F V O X I G Q Y Q I S E Y
N W P J I E H X Z L O U O V F X T S R
C Y G F R G D R D F J A A E T K C N N
S O I F W O Q O B L X F U G B E A N R
N W I S H G U S I J D U Y E G N R H O
V S M H P Z R V S N I D K T A M I E R
H V N Z N W T Q V L Y W J A C N Z C C
C H A R L E S D A R W I N B D I Q Z L
W T Q S Q X C X O V K A N L O R Q L S
Q U B T C B N U Y V L P H E Y C S S M
D Y E V D B R B T U K M V S W I K D S
```

 **SCIENCE & NATURE**

Innovative Inventions

1. What type of clothing is J-Wear, which Koichi Wakata wore continuously for one month on the International Space Station in 2009? _____

2. Which piece of technology, long found on street corners everywhere, was first installed in 1889 but is fast becoming a faded memory? _____

3. Which blacksmith was inducted into the Inventors' Hall of Fame in 1989 for his creation of the cast steel plow? _____

4. Which cell phone accessory was dubbed "Quik Pod" by its inventor Wayne Fromm? _____

5. A wallpaper-cleansing paste called Kutol inspired the creation of which modeling compound, super-popular with kids? _____

6. Which wonder drug's name blends the words "acetyl" and "Spirsäure," a German name for salicylic acid? _____

7. In 2006, Jack Dorsey sent the first of which bite-size messages out for the internet to read? _____

8. What kind of product was "Red Vet Pet," a crimson color gel that GI's in the South Pacific used during World War II? _____

9. What's the word for an online journal or personal website, the first of which appeared in 1994? _____

10. Which backyard barbecue staple can you slide into the tube of a nifty new gadget and cook by solar energy? _____

```
W P E Z T C S X B L E E N J L E H E S
A B W W G O L B V K X S L J W M O H N
S H E F B L I O S I S E U E E K T B B
C E J E R A E W R E D N U N C Q D T M
T W T G V U Q Y L A K G X O U I O B Z
L D T B B D M F S Q V G L H B T G D O
U F G D L B I M K C Y B N P O D N W K
I I O B D E S E I K N C W Y X Z P Y D
Z Q Q U S D D W J U C P O A F Q S E O
L F G T Z O S J S X Z C O P T L Y N S
N J I K M X C V S C N A Z A L F V L R
M C J X D Q P Q D J Q E U T N O Y A A
K N Z J T F I G Q A S W N M F T Z W Z
W P N T Q H V F O W F V V V D N U H U Q
L R Z F O B W U J L A O C H Z F U N U
M Z G E V B Q P G Q Q S P N C N L S T
H A Q E R K Q Z Y G C W P T P X H B K
W M I A U E P L A Y D O H I S I M K A
Y A W S U X E C P T P P S W R Z K L M
B M L Q E L Z D N X P Y T G R I P G G
E V S W U V L T N C D Y H P R K N U T
I K D P I G M I H H B D I K L C K R J
I C S D Q N N U S G O Q S I O P J W V
O L B H D C D Z O S Y J X C N N M R V
```

Famous Flora

1. What is the common name of the Asian plant in the ginger family that is often used in curry and gives food an orange color? _____

2. Which holiday plant from the Viscaceae family grows in trees by attaching itself to branches? _____

3. Which yellow spring flower contains the toxic chemical lycorine?

   _____

4. In which Scandinavian country is the 13-foot-high Norwegian spruce that's the oldest tree on Earth, having seen 9,500 birthdays? _____

5. What budding method of gardening is done without soil? _____

6. What type of crop is *Solanum watneyi*, which was named for character Mark Watney in the 2011 book and 2015 movie *The Martian*? _____

7. What medicinal and landscaping plant is called a "living fossil," having hardly changed in more than 200 million years? _____

8. What is the fastest-growing plant? _____

9. Which large, three-sided nut comes from an Amazonian fruit tree pollinated by only one species of bee? _____

10. What part of a flower produces pollen? _____

BONUS
Which of the following is not a fruit—pumpkin, avocado or rhubarb?

```
I S N Z F G N C E N Q O H J J Z W S M
G F E N A J I O K O E P G H E X X B V
X C A O W R R A Y X T M N A O I R M M
T Y M P E O O B M A B E A M U R X E C
Y V K M D A F F O D I L L T P H M T T
A Y R C E C W C J G E X S T S D H O O
A U Q S C I N O P O R D Y H S W B M B
T A H I Z M I D B V X S R J K I Z A R
E Z R U M D F O M S D C D Z Q P M T O
C M T H Q Y L D N G X B G B W I D O J
D D C P J M C M V A L C M Q X V C M M D
L C T Y X T N X S L J Y D V M B L F S
L K U H U J M S K H U E X C T N R U X
M X N C I Q L T R V F J F C W G G L W
L N L H M G G S G Y M V A G R B H W X
R V I F F T P I W G M F U B V V H B V
F B Z A O M N B T E E P L V K K Q R U
T E A Q S K Y G S T D F C D S W C P E
D L R I G B U Y Q U R E E U G P P Z O
P L B O M H B H H Z S G N W X F I E U
M X U I Y O R I J I R Q N U U A M V F
J Y Y J A B Y L U V P Q S P M N Y U T N
V Q Y B Z Y W W D D R M K I I D X V E
V J W W R J N L M H X Y N E Q R P G P
```

Famous Fauna

1. Which primatologist was the first to observe chimpanzees making and using tools in the wild? _____

2. What is the apt name for a group of sea otters that float on their backs, all fastened together by linked hands? _____

3. What does an archerfish launch to knock its prey out of overhanging branches? _____

4. Which company uses a bull terrier named Bullseye as its official mascot? _____

5. On which slow-moving animal do cryptoses moths live? _____

6. Which primate is the world's largest tree-dwelling mammal, weighing up to 200 pounds? _____

7. What is the name of the hard case that protects a butterfly while it matures into an adult? _____

8. Which famous inventor electrocuted an elephant as part of a series of demonstrations to discredit alternating current (AC) electricity? _____

9. What is the term for a group of owls? _____

10. Real roadrunners can fly to escape chasing coyotes. True or false? _____

BONUS

What is the lifespan of a termite queen—five hours, five months or five decades?

```
W L L W J W U Q O B Z Z L T M H N P E
I S P S D B N R J H T J K U E L T G Q
F X L B X X A E S Q C W L M R G Y V P
W F R I Z N B V Z X E N I H T K R Q S
X Y F M G E R N F G O W X Q P L Y A Z
T O U U G U D A W S C X S U A Q Q E T
C A T S E M Z U I I D R W T R X N H X
L A F N S Z A D I B Z F J I L S J Y U
N H S E H J E Z A D Y E D V I H W O Q
R R Q T W S P I T B R H A M A T Z X V
H I F J A N E G O O D A L L M O C G D
T A V M S I L A S Y R H C R E L O D E
R N O E W X B S G H P B L A N S O X X
Y H G Y D U P N K D J A U I T Q R U Z
T C I Y J E Q V B D B L U M U M N G W
G M U H J G S M M C G C C E S Y Y P V
O I Z E K P X A E B W T F N X L R T S
W H O S E W O R D O D R S F W T Q Q M
I S G J W Y H E U E K L M Q S N R M H
A A F Y X W I V V N S D H T C V J U T
Z R E H Q C B N M H P T G Q A M L B E
U G G U P B H G L B F I Z D X U I F L
Y T N B R Y C K Q G R C Q Q U I K E A
E L N R O M B N Z P R X F D S C F R W
```

Simple Science

1. What is the term for the total amount of greenhouse gases produced to directly and indirectly support human activities? _____

2. What is the name of the research and development project that produced the first nuclear weapons during World War II? _____

3. Which type of microscope was invented in the early 1930s and allowed smaller objects to be viewed, surpassing the standard light microscope? _____

4. Which rarely pure element is created by cooking the mineral known as cinnabar? _____

5. What is the boiling point of water in Celsius degrees? _____

6. What "happy" gas is used at the dentist and in Pro Modified dragsters?

    _____

7. Which branch of science specifically studies earthquakes? _____

8. In 1987, which global treaty phased out ozone-depleting chlorofluorocarbons (CFCs)? _____

9. What is the second-lightest element in the periodic table? _____

10. The dirigibles of the early-20th century were kept aloft by cells filled with which flammable gas? _____

```
T Q S H F V N U G Q Y M P J M K J M M
D Y I G A E L T G O I E U O O R K S G
I P Z E R K H N G C H N M D N E C Z V
Y G J D Y X U C S V K F R N T A E T Q
M W P G A Z W C O T K H Y D R G F C Z
M E T O Q B X I Y G Y L Y B E J R M N
W A R P P S E R X Q X X O Z A H R S O
Y V N C A O I S Y N O N X P L V Y C F
R L T H U K C P I S F C X T P Q G E X
J M G R A R N B W O Y I H V R B C U T
L Q O T Y T Y Z O H O U E T O G D T A
Y F D M C K T T D O I H L Y T A F C H
G U W R F I P A I E H V I G O M K X B
O G S K Q R Q N N J R Q U D C N Z I R
L L Y N I G L O X P X D M K O I M O M
O H G N R L R T Y O R W N M L I B X B
M S T V B T L E D I X O S U O R T I N
S G H Q C Y E O X G J T J A H Y H M V
I Z W E O H Y D R O G E N E H E W B D
E M L K D Y Z K W S C F I Z C R N O H
S E F A V W W E F H C H Q Y L T I O L
W V C R B W H I O I E B K Y D C Y L O
K M S G Y C L T M P W B J A Q N Q F I
G P K S G G Q S L I V I K H L X R Z J
```

Wild Things

ACROSS

3. One of two summer-friendly fruits combined to make a pluot.

4. One of eight main taxonomic ranks used in biological classification.

7. One of three main types of honeybees in a hive.

9. One of eight main taxonomic ranks used in biological classification.

10. What part of a flower contains bright yellow sacs that produce and contain the pollen grains?

15. One of eight main taxonomic ranks used in biological classification.

16. One of eight main taxonomic ranks used in biological classification.

17. One of two summer-friendly fruits combined to make a pluot.

18. The alligator pear is another name for what kind of fruit?

19. One of eight main taxonomic ranks used in biological classification.

20. One of eight main taxonomic ranks used in biological classification.

DOWN

1. Which type of flower do vanilla beans come from?

2. Mushrooms and toadstools can form naturally growing arcs or circles called what magical name?

5. After which *South Park* character did scientists name a mutated gene that causes fruit flies to die within two days?

6. A certain species of lemur is the only primate, other than some humans, to have which physical attribute?

8. One of three main types of honeybees in a hive.

11. What uninvited household pest also goes by the Latin name *Mus musculus*?

12. One of eight main taxonomic ranks used in biological classification.

13. One of three main types of honeybees in a hive.

14. Peanuts are categorized as which type of plant?

17. One of eight main taxonomic ranks used in biological classification.

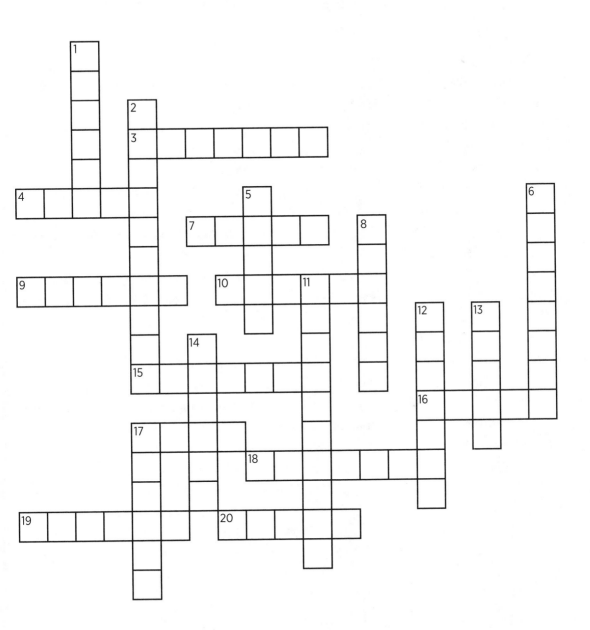

Human Anatomy

ACROSS

3. Which of the five senses is evaluated with the help of a Snellen chart?

5. Which organ produces the hormone insulin?

7. In which part of the body is the anterior cruciate ligament (ACL)?

8. The New Horizons space probe took the first detailed photos of which celestial body in 2015?

12. One of four lobes in the human brain.

13. One of two most common areas on the human body to check for a pulse.

14. One of four lobes in the human brain.

15. After the ego and superego, what is the third part of the personality, according to Sigmund Freud?

16. What is the name of the transparent layer that forms the front of the human eye?

DOWN

1. Which part of the skeletal structure of the human head is unique and is not shared with any other species on Earth?

2. What is the name of the larger of the two bones that makes up the lower leg?

4. Which part of Richard the Lionheart's body was buried and preserved in a lead box in Rouen, while his other remains were buried elsewhere?

6. One of four lobes in the human brain.

7. Which long-dead royal was autopsied with 2,000 computer scans and found to have buck teeth, a club foot and wide "girlish" hips?

8. One of four lobes in the human brain.

9. How many major blood types are there?

10. The skeletal disorder rickets is caused by a lack of which vitamin?

11. Where in your body would you find the cochlea?

14. In 2013, doctors completed the first full transplant in the U.S. of what body part?

17. One of two most common areas on the human body to check for a pulse.

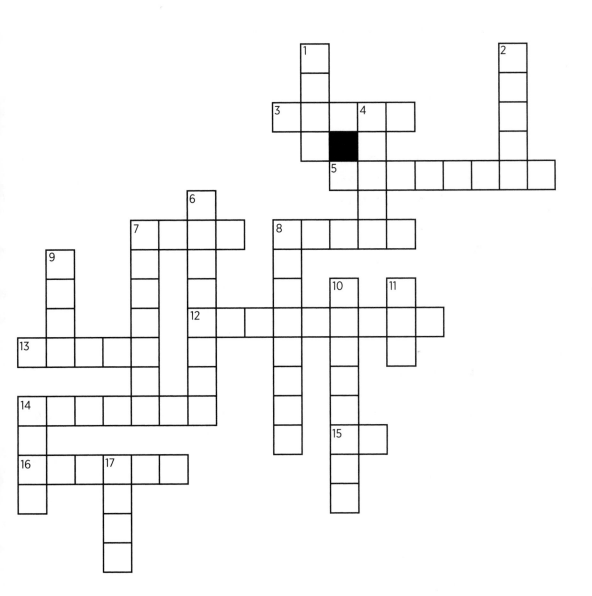

High in the Sky

ACROSS

2. Which company was founded in 2002 with the mission of revolutionizing space technology so people could someday live on Mars?

7. What was the name of the Soviet astro-pup on board *Sputnik 2*, which was launched on November 3, 1957?

8. What was the name of the first space shuttle, shared with a famous starship of science fiction?

10. What is the name of the first privately owned spacecraft to return from orbit?

11. Which NASA probe sent its first photo from Jupiter's orbit on July 14, 2016?

15. The star Polaris is commonly known by what other name?

16. Which planet, the eighth to be discovered, has multiple moons, all fittingly named after mythological sea gods and creatures?

17. Which U.S. government agency invented scratch-resistant lenses?

18. What is generally the brightest star in the night sky?

19. What are you afraid of if you suffer from acrophobia?

20. What is the dense uppermost layer of leaves of a rainforest called?

DOWN

1. Astronauts from what country are sometimes referred to as "taikonauts"?

3. What is the name of the lander that tumbled onto the side of a comet in 2014?

4. Which Italian astronomer believed the Earth orbited the sun, yet practiced astrology and taught his students how to cast horoscopes?

5. Which planet is known as "the jewel of the solar system"?

6. Which planet shares its name with the Roman god of war?

9. What level of the Earth's stratosphere absorbs the most ultraviolet radiation?

12. Which planet was observed by Sir William Herschel in 1781 and originally mistaken for a comet?

13. Which popular gadget is proving to be a global nuisance because of its ability to invade private and public airspace?

14. Which NASA rover landed on Mars in August 2012?

Everything Else, Pt. 1

ACROSS

3. What is China's largest social-networking platform called?

4. What is the safest day of the week to drive to work, per Nationwide Insurance?

6. What is the name of the internet community established in 2009 that is built around funding creative projects?

10. Which acidic kitchen staple can dissolve a pearl?

12. What is magma called when it reaches the Earth's surface?

14. What group of elements on the periodic table share a name with a type of light bulb?

16. Which classic arcade game did scientists mimic to create a tiny maze for studying predator-prey behaviors of microbes?

17. Which 1984 video game became the first of its kind when players were tasked with fitting all the blocks into just the right spot?

18. HDL and LDL are the "good" and "bad" versions of what compound, respectively?

19. Which high-protein food source has been called "the next sustainable cuisine"?

DOWN

1. The first Airstream trailers were made out of which durable material before the shiny aluminum became standard?

2. Which company used the tagline "Imported from Detroit"?

5. Which virtual assistant was reintroduced in 2013 with the option for a male voice?

7. Rubies and sapphires are both variations of which mineral?

8. What is the everyday term for NaCl?

9. Which computer company was cofounded by Steve Wozniak in 1976?

11. What notable filmmaker is responsible for founding Pixar?

13. Which "little blue pill," when added to vase water, makes flowers stand up straighter and last longer?

15. In Argentina in the 1890s, which type of evidence was first used to accurately solve a crime?

16. Which city is home to one of the world's oldest natural history museums, which includes a Grand Gallery of Evolution?

Everything Else, Pt. 2

ACROSS

2. One of the four C's of diamond grading.

4. What is the name of the first active communications satellite that made transatlantic chit-chat possible?

9. Arabica and Robusta are varieties of which plant?

10. One of two chemical elements that begin with T and end with N.

11. One of the four C's of diamond grading.

12. What is the name of the branch of science that deals with naming and organizing the different types of living things?

14. What is the term for a natural depression in a land surface formed by the dissolution and collapse of a cavern roof?

19. Who was the first scientist to assign names to research subjects instead of the conventional method of assigning them numbers?

5. One of the four C's of diamond grading.

6. One of two chemical elements that begin with T and end with N.

7. Macaroni, rockhopper and emperor are types of what animal?

8. What was the first operating system installed in 1981 on IBM's first personal computer?

13. What is the name of the smallest unit of matter that still retains its elemental properties?

15. What was the mythical sea beastie described in 17th-century Scandinavian accounts that may have been inspired by the elusive giant squid?

16. Which continent boasts a tiny wingless insect, less than a quarter-inch in size, that happens to be its largest native land animal?

17. Which flower's name is derived from the Turkish word for turban?

18. Which electronics behemoth gifted 12,500 glossy, special-edition smartphones to all Rio 2016 Olympians?

DOWN

1. What was the name of the first commercial video game console, launched by Magnavox in 1972?

2. One of the four C's of diamond grading.

3. What scale for measuring wind speed is also a South Carolina city?

FUN FACT

*In 2004, Roger Lodge
hosted the short-lived game
show ESPN Trivial Pursuit,
which aired for just
five episodes.*

Sports & Leisure

Congratulations—you've reached the homestretch!

Famous Figures

1. Which famous adventurer-chef said: "Your body is not a temple, it's an amusement park. Enjoy the ride."?

   _____

2. Which half of baseball's notorious Bash Brothers wrote _Juiced: Wild Times, Rampant 'Roids, Smash Hits and How Baseball Got Big_?

   _____

3. Which French sea-faring explorer, photographer and filmmaker is known as "the father of scuba diving"?

   _____

4. By which name is chef Ina Garten better known?

   _____

5. Who is the first woman to become a full-time NBA All-Star assistant coach?

   _____

EAESUAUCOSCQJTU

TAIYAONNDHOBRUN

NACOCESOJSE

HAYMKCOBNEM

OTCBASTEASREOONF

BONUS

Against possible bites from which elusive Scottish creature were 100 triathlon athletes insured for £1 million each in 2005?

1. In 1947, who became the first African American to play on a Major League Baseball team?

_____

2. Which NBA basketball player co-owns the production company SpringHill Entertainment?

_____

3. What MLB player, known as Mr. October, hit three consecutive home runs in the same game, from three different pitchers?

_____

4. What female tennis player tied Steffi Graf for most Grand Slam singles wins after walking away with the trophy at Wimbledon in 2016?

_____

5. Who is the human torpedo that won all four freestyle swim races at the 2015 World Championships?

_____

LIDETYAAKEKC

KJIBRCNSOONEIA

IGSCAJKROEEGN

BLOENAMRSJE

ISWLANAMEIRESL

Best Dressed

1. Who manufactured the first iconic green Masters jackets awarded to golf champions?

   _____

2. What's the modern name for the "eternity" bracelet, a thin, symmetrical string of diamonds?

   _____

3. Which fashion designer was not only a design director at Ralph Lauren but also an accomplished figure skater?

   _____

4. With a high-starched collar, black suit and white hair, which fashion icon long served as creative director for Chanel?

   _____

5. What is the name for the ballet shoes that allow a dancer to maintain balance on the tips of their toes?

   _____

LKRELLGDRFEAA

SSOOPTHENEI

RNLEETNCSEIABT

RVGAWAEN

SOORKRBREBOTHS

1. Which MMA fighter appeared on the cover of the *Sports Illustrated* Swimsuit Issue sporting body paint?

_____

2. Which famous menswear designer opened a flagship store inside the former New York City punk club CBGB?

_____

3. Which American fashion designer inspired the Muscle Man Marc doll that appeared in an episode of *South Park*?

_____

4. Which scientist wore her blue lab dress instead of a wedding gown when she married her husband Pierre in 1895?

_____

5. Which beauty pioneer and racehorse breeder was lauded on the cover of *Time* in 1946 with "A queen rules the sport of kings"?

_____

MASRCBCJOA

ROYRENODUSA

JSAAOVVROTHN

MRIIAEERCU

NDEILBHAEARZTE

BONUS

Which upscale shoe designer is known for his signature red-lacquered soles?

Top Teams

1. Which NFL team perked up game-day entertainment with a coed cheerleading squad in 1961, called the CowBelles & Beaux?

   _____

2. What is the most popular league in the world's most popular sport?

   _____

3. Which NBA team does billionaire *Shark Tank* deal-maker Mark Cuban own?

   _____

4. Which WNBA franchise won the league's first four championships?

   _____

5. Which now-defunct United States Football League team was owned by Donald Trump?

   _____

ILEUNLEAEGERMSPHGERI

DARALCSIMVASKLE

LYLOWSBOACDAS

NSNEAELESRWJEGEYR

ONHSUTOTMOECS

1. Which team were the Orioles set to play when Cal Ripken benched himself, ending his streak of 2,632 consecutive games?

2. Which football team beat the Michigan Wolverines in a 2007 game that *Sports Illustrated* called "the greatest upset of them all"?

3. Which basketball team, that included rough-and-tumble players "the Worm" and "the Microwave," was known as the Bad Boys?

4. Which NBA basketball team set the record in 2016 for most regular-season wins?

5. For which NBA basketball team did Lamar Odom play during his rookie year?

PIEGESCLLSLAOPESNR

EENYNEAKSYRWKO

OSIREPTTSODTIN

PHSANATPEALATACI

WGSRDTROTOELARAINES

BONUS

Which of the following is not a team mascot in the National Football League—falcon, eagle, cardinal or blue jay?

America's Favorite Pastime

1. Which song do Boston Red Sox fans sing at home games in the middle of the eighth innings?

   _____

2. In which town is the Baseball Hall of Fame?

   _____

3. In 2016, which baseball player broke Pete Rose's record of 4,256 professional hits?

   _____

4. Who was the last MLB player to wear Jackie Robinson's number, 42, which was retired in 1997?

   _____

5. Which electrifying MLB event took place for the first time in Cincinnati on the evening of May 24, 1935?

   _____

AGNMSIGHFTTRIE

HIOZCRSKUIIU

OPSOKOONNECWEWTRYR

ROIIEAMVNARRA

REITCEWLSONEA

BONUS

In baseball, what is the name for a noncontact swing that results in a ball or a strike?

1. Which MLB player spent his entire 14-year career with the Yankees without winning a championship?

_____

2. What has a batter done by hitting a single, double, triple and home run in a single game?

_____

3. What city in Kentucky is home to the famous "Slugger" baseball bats?

_____

4. Which baseball player is nicknamed "Big Papi"?

_____

5. Which incident dramatically postponed Game 3 of the 1989 World Series between Oakland and San Francisco?

_____

DOIMAYTNGTNL

DDAIOZITVR

LAARATURETOEAHKMEPQI

LLIOSUVELI

HTROFYTICLECEH

 **SPORTS & LEISURE**

Play Like a Girl

1. Which mixed-martial artist won her first 12 career fights until being bested by Holly Holm in 2015?

_____

2. Who was the first girl to pitch and win a shutout in the Little League World Series?

_____

3. Among her many achievements, who was the first player to make a slam dunk in a WNBA game?

_____

4. Which U.S. player won the FIFA World Player of the Year award in 2001 and 2002?

_____

5. What women's basketball icon racked up eight national titles and was the winningest coach in Division I history when she passed away in 2016?

_____

MAMMHAI

PIATSUTMTM

ANODSYROREU

IMSEVODNA

LSILISEELA

BONUS

Which Olympic athlete was known as "the World's Fastest Woman" for breaking records in both the 100- and 200-meter dashes?

1. Which 2016 Olympic gymnast became the first female gymnast in 42 years to win four straight national championships?

_____

2. Who was the first female Danish tennis player to earn the top spot in the world tennis rankings?

_____

3. Who was the first female swimmer to represent the U.S. in five different Olympic games?

_____

4. Which U.S. women's soccer player scored the game-winning goal in penalty kicks in the 1999 World Cup final?

_____

5. Who was the first woman to be featured on a box of Wheaties cereal?

_____

TRODRARASE

BCNRAANSHADTII

ECOALAWIOKZCNRNII

REAMLTUOOYRNT

BSMLIOENSEI

BONUS

Which of the Williams sisters was the first to win a Grand Slam singles title?

Football Frenzy

1. "Clear eyes, full hearts, can't lose" is the rallying cry in which television football drama?

   _____

2. What is the top award for an outstanding college football player in the United States?

   _____

3. Actor Burt Reynolds played Division I football for which university?

   _____

4. In NFL football, what is the rule called that states a receiver must keep full control of the ball, even after hitting the ground?

   _____

5. Which NFL football player is nicknamed "Beast Mode" and famously dislikes talking to the media?

   _____

MYCHLWAANHSRN

FHSRIIGIDHANTYLGT

ORNLHLJAVOSUNCNIE

HNSHEPYIAMRTO

SFRDOTLAETIA

1. The catchy bluegrass tune "Rocky Top" is played at every football game for which Division I university?

   _____

2. Which Cincinnati Bengals alum won the Heisman Trophy twice?

   _____

3. Which college football team made the fastest trek in history from unranked to No. 1 in the 2014 season?

   _____

4. What is the name of the trophy awarded to the winner of the NFL Super Bowl?

   _____

5. Which quarterback set the all-time mark for most passing touchdowns in an NFL career in 2014?

   _____

TYANPIGNEONMN
CVMLOHIRBPYERTINADO
ITRFNUSYTENNVSIESEEEO
EMIIISIASSTPSPST
GHEIARCIINFRF

Awesome Athletes

1. Which sister of an NBA Hall of Famer was a four-time All-American basketball player at USC and a member of the U.S. Olympic team in 1984?

   _____

2. Which Seattle Seahawk football player was voted by users to appear on the cover of the video game *Madden NFL '15*? _____

3. Which legendary hockey player practiced the pregame ritual of drinking a Diet Coke, an iced water, a Gatorade and another Diet Coke? _____

4. Which American athlete set a world record and took home the gold in the men's decathlon at the 1976 Montreal Olympics? _____

5. Which Major League Baseball batter set a record for most strikeouts in a single season with 223 in 2009? _____

6. Which endurance cyclist invented the wildly popular Spinning workout in the late 1980s? _____

7. Who was the first woman of color to win an Olympic gold medal in both individual and team competitions for gymnastics? _____

8. Which L.A. Spark scored the WNBA's first basket in 1997?_____

9. Which NFL quarterback was famous for the touchdown celebration known as "dabbing"? _____

10. The epic 1974 boxing match that was dubbed "the Rumble in the Jungle" pitted Muhammad Ali against which opponent? _____

BONUS

In which sport did 12-time Olympic medalist Jenny Thompson compete?

R B O R D G I G T I P B S V J J M V N
I F R I E H I P E C Z U T O B S G F C
C Q X U M L U G A I T N H P D Y A Y Q
H L D Q C L L M R T F N V L M K S H Z
A A I I R E N I Y X N N O I R Z Y X T
R N C X B E J E M Y Q N S M Q T P J K
D X A K W Z K E G L Y Z J U B E E D Y
S D Y T X O E O N E Y R K E C R N U W
H T O L O D L N R N X R G F T G N X J
E N Q R D D D K J R E P E K Q E Y V N
R U M O B Z R X V M H R Z H X N T U F
M R K E P A U E R S Y N L L C Y O Y D
A D R A M N S M W T I F I R Q A L B T
N G A B B Y D O U G L A S T O W E B O
Z C C U R J P R H Z N S R O V V R I Q
T X C S Q H C N B X V R Y N N M F Y V
Z L Z S L Y H Q P A N U W L X W C H V
A F W X T L A A P K T Z N F T C A N R
C C K E N A M E R O F E G R O E G L R
Z P T I R R J E J N O V A W N Z Q U W
C E C K Z X T C I C W C U S G I U O J
I J Q B V H P A J N T I L T A Z J J G
G D Q W P U X R L P M Y W B K R M Q M
I Z A Y M K Q U Y Z H Z E E E G V X Z

Fun & Games

1. Which of the six *Clue* game suspects was "killed off" in 2016 to make room for Dr. Orchid, a biologist who knows a lot about poison? _____

2. Which Japanese video game company started out producing playing cards? _____

3. What was the first toy to be advertised on television? _____

4. Which video game marked the first appearance of Mario? _____

5. Which fast-talking electronic toy, introduced by Hasbro in the '90s, demands that you "twist it," "pull it" or "pass it"? _____

6. Which toy line includes the characters Rainbow Dash, Fluttershy and Twilight Sparkle? _____

7. Which kingdom is home to Tiffee, Mr. Toffee and the Bubblegum Troll?

_____

8. Which social crossword-gaming app lets players compete against friends, total strangers or a computer? _____

9. Charizard is one of the most sought-after trading cards in which Japanese gaming franchise? _____

10. Which immersive activity sees pop culture convention-goers dressing as their favorite characters? _____

BONUS

In 1974, Gary Gygax and Dave Arneson published the first version of which game that requires rolling 20-sided dice?

```
F F C W Z R G O R U Y U K Q M S G C I
B O A F M N Q R Y V Z J W B D L S Y T
V K N X H K M I L A T P O N X H G S K
K M D L Y J L R I E K X E Q D V J S O
I H Y W I I G D J D Q I E O B P R Z G
T L K L E O K I U Y R N N R V B B W F
A Y I F I J D P J F Q K F T D Y S K X
P I N Z D T J N H Y E R T U X H T G G
J F G X M J T T E Y K F G C G P M R F
F Q D I X E I L K T M V T Z Q Z X B W
F M O R J W X O E C N D H I H E Q L Y
M F M M S X N S C P Y I B O P I T C Q
G B M D L G C C V J O W N G B S V Q N
X V R L A U C R H O N N R S G T H H G
U O E U M A D I B C Z X Y E H Q L L E
W F A Y K T Y F D Q U Z P E L K I H T
B X B B K A I Q W L W K X T B P E R I
D T Q M L S I D O D J J C W G S N M W
X Y O P S M C N E T I H W S R M O V M
J B S D W J U Y S M W V X P W F M D C
W O S G C A D S U Z L J F Y F L E E R
C B V O C N R P P F Z T I C T M K X Y
H R G L O X W A A G W G T C G L O O Q
M R P O T A T O H E A D Z N P Y P Z A
```

Common Traits

1. Which sport includes the player positions of gully, square leg and mid-wicket? _____

2. Brocade, calico and crêpe are all types of what? _____

3. In poker, what is it called when your hand includes an ace, king, queen, jack and 10 all in the same suit? _____

4. Jib, spinnaker and lateen are all types of what? _____

5. Which craft includes a garter, purl and stockinette? _____

6. Jigs, spoons and flies are used in which sport? _____

7. Which category of collectibles includes items like postcards, ticket stubs and matchbooks—things that weren't expected to stick around? _____

8. Which intense fitness regimen includes EMOMs, AMRAPs and WODs? _____

9. What arguably zombifying smartphone activity includes balls, lures, candy and stardust? _____

10. In which sport do you wear a lamé, a plastron and a mask? _____

BONUS

Which retired NPR radio personality is known for his signature look of red tie, socks and sneakers?

P X H G G C X H T T J U A I Z B V B R
W F S N B Q S Y V Q H S A O C P W V W
U X B N D Z R L G R Y V V B U Q N L F
Q W R Z L L H H F I K Y J T N Q Q G N
O G O I F N J H M P V F Z K P N Q B Z
N L H K D S G D G W E A R E M E H P E
C N S T I N J U E F F V J B V C N B Y
Q R T Q I L S J T J I R T Q U J X Y W
K F R H A X P Y H A S P E O Y Y M P W
I G S O F E N C I N G O K Y X X R M H
F I I X Y N I K Z V E K C J E S K Z S
F A J B S A N M C P Q E I O N P A G A
T V B P G I L D P B Q M R W I Q F S I
I I F R T V R F Z V M O C Q B G N R L
I E F T I V C O L L L N A M U F U K S
N W I S L C Q Q H U G G N F A W O X X
J N R W S M V B Q Q S O Z W S W B O A
G H G B Q O G W O C G H H K L R T E C
G P A M N V R M D Q O G C H H H L A X
I D U C J D R C H T P W H C O B U X U
U N Z U J H M E U Q A F Z E Z R N B I
Y B P H H Q K R L V G B L F X T U H O
I Q I Y Z M S L W X L O T R Y R W F A
Y C W C L I C X V D H A U O E A E M K

Time for Tennis

1. Which prestigious event held each summer is the oldest tennis tournament in history? _____

2. True or false? Male and female tennis players are awarded equal prize money in each of the four Grand Slam events. _____

3. Which tennis star boycotted Wimbledon for three years because he wasn't allowed to wear his trademark denim shorts? _____

4. What is the name of the stadium in which the French Open tennis tournament takes place? _____

5. In which city does the first of the four Grand Slam tennis tournaments take place each January? _____

6. Who is credited with inventing the tennis ball machine in the 1920s? _____

7. In tennis, when players are tied 40-40, it's called what? _____

8. What is it called when a player wins all four major tennis tournaments in the same year? _____

9. Which tennis player coined the catchphrase, "You cannot be serious!"? _____

10. Which animal's intestines are used to make pricey, high-performance strings for modern tennis rackets? _____

BONUS

Which two tennis players competed in the Battle of the Sexes in 1973?

```
S R J Z M P N A B D F G D E G X Z V Q
V O L F M M Y H Q B R L T G K B T Y Y
P Q R W T Y U C G A C S N R E S B G J
M R U R T L P T N V O S U J Q M B F I
C N B I A S E D Z C I U V O G F F Q M
J L A J S G S O A Q C I M R P B D N U
E C U E D L D L J O H N M C E N R O E
N I W G A S E N A V T R W M N J T E L
Y S N M O N I F A C A A M I H V G S G
B S W H E K B L X L O U E A D K A B A
Z A Z R U E N S B Q O V L M C C C B M
R G J Q Y D U V Y E C R B F C B T O H
Y A W D C F B R P U E J O N Z A W B M
H E W X P I C M T G F E U M X S L J G
V R Z O L B V M N O N C R X Z V P K X
W D F K K G T C V W R Q N G Z P Z B I
L N G I Q O R R W D I P E N C O D P A
T A G J I F Z H T R Q M L Z U U O D F
C Y E V O C U G U C O P B B V F M X T
F L O O O E I T X N F M X L L A Q S E
M M X X R Y M K V W F E C V E M Z T Y
F Q M W I Q P H B X R N C Y Q D W Y C
D I A P U N Q T R X O X O Q N V O M W
B T M S X D R J R D G K N X C O C N J
```

Move to the Music

1. Which Latin dance style is also the name for a group of rattlesnakes?

   _____

2. "Ditch the workout, join the party" is a slogan for which mega dance-fitness craze? _____

3. What music streaming service from Sweden was launched in 2008, and by 2016 claimed to have more than 100 million users a month? _____

4. What sensuous ballroom dance is called the "dance of love" and was born in Buenos Aires in the 1870s? _____

5. Which celebration dance by Victor Cruz got him an invitation to appear on *Dancing with the Stars*, which he respectfully declined? _____

6. At the Super Bowl XLIX halftime performance, which California girl was backed up by two dancing sharks? _____

7. Which high-energy workout had us sweating our way through the '90s with fairly simple moves, like hopping and marching across a low platform? _____

8. The incessant blaring of which colorful instrument dominated the FIFA World Cup tournament in South Africa? _____

9. In 1969, Judi Sheppard Missett launched a dancing-as-fitness revolution known as what? _____

10. The Dallas Cowboys Cheerleaders landed their own reality show on which cable network? _____

T L C E S I C R E Z Z A J S S P V M J
A Y O P W C K O J V T L A T K X C V C
N P U Y K F D F M N P L E Q R U M B A
G Y N J T K E G M C S P N B X V U C K
O O T C W H V Z O A A I N R I U E S I
Q H R T K Y W R U E Q N W C K K V P Y
T A Y U M J X B R F T G U P Y W Q I E
E Y M W I N Q O D Z I A N K W K X A V
F J U B S C B Y S K U R M T C A C B V
B M S B V I A Z R G M H P W D D B Z Q
F G I E C X L D U R O F G G Y Z I X N
Z J C S S K E R Q M E I U G A E H Q E
U N T Y O B Z W T Y B P X Q Y E D J T
B S E I C O U Y N X H A Y K N Y C F L
C K L O L U V B J J X K P T F C U Y U
R A E O J R U V A O V T H I A O F J K
X Q V E E G V A B O Y L T S F K O B I
X Z I P U T G S T E G O A G Q D A O A
H O S Z X O I H N M P R E G B S C O N
T C I N P P J M W S S L D J B F M L O
V S O A O Y G W T I M I F O F E T A U
R M N G H E P J T N O X F B H U L V W
Q F U I G S S S H I S I O M V N W A Z
I A J X P C P Z J X B I L W V D C X Y

Ready to Race

1. What is the *Palio*, a medieval event that takes place twice a year in the Italian city of Siena? _____

2. What's the name of the bike that is pedaled by seven people sitting in a circle? _____

3. Which mixed-surface bike race forces riders to carry their bikes and run over barriers? _____

4. What is the last person to cross the finish line of the Tour de France called? _____

5. What was the name of the first yacht to win the America's Cup trophy in 1851? _____

6. In which nearly 6,000-mile off-road race do motorcycles and cars race in one of the most grueling competitions on the planet? _____

7. In 2014, which April road race boasted its first win by an American since 1983? _____

8. Louise Smith was considered the "First Lady" of which fast-paced sport? _____

9. In which Arab capital is Ferrari World, an Italian race car theme park with rides that emulate the thrill of driving a Formula 1 machine? _____

10. A race that is longer than 26.2 miles in length is called a what? _____

BONUS

What distance is the longest sprint race in athletics competitions?

```
W L G E I H X B A D I O X M C W O I I
G N A S C A R C Z V R V P Y A J J J S
K E J N O A I J X U W B C I E H L O O
O X J L T R R F L W D L T K D A B Z K
I B R A E E B E P C O Q I Q S L S K S
X I O M G K R Q S C J B X J F P S T X
F B A M W J V N R R E W U N V Q K B J
X H U F K W B O E C O R H P X B S S L
F F R Q N R S L N R I H Z D O F P S X
N B J D Q S P E L Z O Z D H J J R X Y
H Y F Z T H R F C D V U R X N T Y D Y
D Y T I R E R T F X P K G D U O P Z A
F Y I X F D U Y T P P H W E L B Z F G
W W G N Y L L A R R A K A D T G U E Q
H K O H Q M K V P F P I H M R V C A A
Q C B H R H M C I N G B O X A A K I F
N V N I F B M X I G J A Z E M S H W E
B O S T O N M A R A T H O N A G L H F
D V C K G U P W E U Y D A R R N N D B
V U D C T Y I U E M G U G F A Q P L L
T A Y T M U W I U E H B S G T I M I W
I B F W P P X X I G T A I M H Z G W S
N V S X I S I L V G C H W G O W B S S
V E S X R O Y J B L L M B N N C E H D
```

To the Extreme

1. For which death-defying extreme sport is the small coastal town of Nazaré, Portugal, famous? _____

2. Which national landmark did daredevil Evel Knievel hope to jump, but was prevented from doing so by the U.S. government? _____

3. Which country, Shakira's birthplace, boasts a national sport called "tejo," a ramped-up kind of lawn bowling with gunpowder-filled targets? _____

4. What is it called when a surfer hangs all 10 toes off the front end of a longboard while riding a wave? _____

5. In which sport might you acid drop into a half-pipe? _____

6. In 1995, Cal Ripken Jr. played his 2,131st consecutive game, breaking the 56-year-old record set by which famous slugger? _____

7. "Two thousand–miler" is the name given to a hiker who completes which epic U.S. trail? _____

8. Which professional wrestler was known as the 8th Wonder of the World? _____

9. For how many months was *Jeopardy!* champion Ken Jennings a fixture on the show, winning 74 straight games and $2.5 million? _____

10. Which former Mr. Universe left bodybuilding for the title role in the CBS television series *The Incredible Hulk?* _____

BONUS

What do participants wear in the South Pole 300 challenge, a hot sauna–to–frigid air feat that boasts a 300-degree temperature change?

```
I L H S L K P H O U G A D Z A G B W T
I G E H K F Z A V X N K P W M Q Y U C
A L T G U T X N P T I G R V Q E X N S
L Y N S K A A G P C D D D W T G U I F
G O P U H P S I C X R T T R D E B F S
J D U U U V U N A P A X A A N N E T H
V Z O F G W D G I L O B S R Q F A J X
O T G H E I D T H R B Z V P E S J D J
X N L E G R N E T S E Q T P Z O R Z L
O D K S G Y R N M A T N E V E D Q O I
L I A R T N A I H C A L A P P A U M D
Z K Y U Z U I Z G I K F J Y W G Y P H
W H S R V D E F G N S J T S E N S Y R
P U W Q S Q Y E R T O N D H C O I A T
G W B X W W H U V U C I R Z O D U Y X
V X N S Y T F W F A S I H Z X B C X H
V N X D E D C X C N G E H L G D S O Z
X R B R K W C C S X M X V V M I S J Z
S G D Y X B A G R A N D C A N Y O N O
R N G E F L X O B E D X L F W B J I R
A F J G Q R L Y Y R S T Z L F G B X I
U Y W B A C Y J P D S T T Z Q R I Y P
A I B M O L O C G U D X B M U Z C B W
M O L S T T D U Y Y M O R Y D V F O B
```

Get the Look

1. Which cosmetic gets its name from the Spanish or Italian word for "mask"? _____

2. What is the craft of looping yarn with a hooked needle called? _____

3. What color jersey is awarded to the race leader in the Tour de France? _____

4. 1920s tennis champion René Lacoste introduced us to which 1980s preppy wardrobe staple? _____

5. In 2016, which itsy-bitsy, teeny-weeny article of women's clothing celebrated its 70th birthday? _____

6. The "rational dress" movement in the 19th century gained momentum when women became interested in which activity? _____

7. Real cordovan leather is made from the hide of which animal? _____

8. Which brand of shoe was made popular with the help of chef Mario Batali? _____

9. Which women's fashion piece, popularized by British royals, is a cross between a hair accessory and a mini hat? _____

10. What signature piece of clothing by Diane von Fürstenberg celebrated its 40th anniversary in 2014? _____

BONUS

Which rhyming phrase is slang for a knitting (and gabbing) circle?

```
P B B Q K F F U Y E L L O W M C Q G E
E B K H D M O A I W E G X N R K F B A
E E U M E O X Z O A Z Z M O X N D B G
K U A T E Z O M R P L A C H I R M U M
L M C U D D Y H N C Y S D D G Q Q Y B
W J Z O S M K K W H F D S H Q E X N G
H X R H R U Q F Y L A J A O W A V I W
I I I Y C X Y D W Z S A H R F H B R A
O R O D T E N N H S C Q B S G J I B A
T B T W V A G U C G I T Y E A S Y U I
M Y E B S N G M U Y N J Y E R W R M G
S O T A I X M U V F A B X T J I Q X K
C T I L T G B M Q C T J I H J R K B J
Z X C L A U P O I C O A T K L M O D U
A Y Q Q I X F G U Y R E E N I X G S X
C R B D D N S W A T P V H P Z N G Y I
V U A K Y H X R J M F Q C J I O I A X
T D E C J Y B Y K Z B A O J P Q F F H
D E B R S O O M A V Y Y R D L M H I E
N V X Z P A I Q M N M N C G C K B T M
V K G K W B M E G S P N O C W S Q I D
N Q F W K T Q M C O E I D T Y F C E T
S S E R D P A R W U V Z L L W C R L H
W P E R C F V K D R C E M V H U J H S
```

Let's Play Ball

1. Which comedian and writer produced a TV documentary on former New York Mets stars Dwight Gooden and Darryl Strawberry? _____

2. Chuck Foreman lost his chance to win the NFC rushing title in 1975 when a Buffalo fan hit him in the eye with what? _____

3. Which quarterback, inducted into the Hall of Fame in 2000, was the NFL's 82nd draft pick in 1979? _____

4. Which MLB Hall of Famer, affectionately called Mr. Cub, died in 2015, but his trademark line "Let's Play Two" lives on? _____

5. "Ducks on the pond," "can of corn" and "snow cone" are slang terms in which sport? _____

6. Which basketball player's silhouette appears on the NBA logo?

_____

7. Seventeenth-century French settlers observed Native American tribes playing variants of which stickball game? _____

8. Soccer star Cristiano Ronaldo is named after whom? _____

9. In 1891, Dr. James Naismith invented which indoor sport as a way for kids to exercise during a long, cold winter? _____

10. If a pitcher unfairly deceives the batter, and an umpire awards all runners a base, what is it called? _____

BONUS

The oldest public park in New York City was originally dedicated to playing which sport?

```
E Y D L W N F E J X L B E L Y M C A L
S N P X E Q P E R Z X A S P Q B B Q P
S C J R V T R W N N D S U B Q U A Y J
O U Y V B R Y U A O I K K M V T Z Q C
R C Y X Y V D A G J W E F M C P R R E
C O G W P S J W A T D T B N P L T S T
A Y E T N K I A E W C B E A R I V Z N
L S E E H Z D T R K A A W B N K T D F
T B Q K E I L Q D Z W L L D E K J S G
D L L T P C Y I L V T L K D X X S T S
M A S H M F S X A F X M J P I J I I U
B L Z Y M X K N N L B B B N B J O Y F
T B R W W A F C O X C W X K V X F I Y
H B Z R J F Q L R Z X H R W T N A E E
L Q S G V H E V J W B Z H M L Z D A P
J L D B O M W Z O W W L L A B W O N S
G L A R V D P T A Q S L D J G P P O G
E I L B Q A A Z B G F S E O T W P V L
I W I E E P T A T I H C N L K Q L H C
D I S C A S N A D E M C M R N M E K H
U Q D D B V A W Y M D I L P E D H E I
N E D B K E R B E K N V H K P M P M V N
O U P U D G W Y Z J F H E G F M E W W
J G B V J O E M O N T A N A D B T S F
```

Animals Abound

1. What is a mix of a miniature schnauzer and a poodle called (besides "mutt")? _____

2. Which large bird shares its name with the word for three consecutive strikes in bowling? _____

3. What is the highest rank in the Boy Scouts? _____

4. Lance Alworth was given the nickname of this Disney character due to his speed, grace and ability to leap. _____

5. Which racing event involves horses jumping fences and ditches?

   _____

6. Which one of these critters was added to Barnum's Animal Crackers per a 2002 consumer poll—koala, penguin or walrus? _____

7. From which sport did the rallying cry "Tallyho!" originate? _____

8. In 2013, which *Monopoly* piece was replaced with a cat? _____

9. Sriracha hot sauce features which animal in its logo, the Chinese zodiac sign of its creator David Tran? _____

10. Which feline animal represents the first rank that newbie Cub Scouts aspire to when they join a den? _____

BONUS

Which breed of pup, a cousin to the Obamas' First Dog, was upstaged by a beagle for Best in Show in 2015?

```
V G E J P N A D S C S E P Q S V M Y X
C O L U O X K Y Y J S C H U H Z S W G
W E I S H S N V Z A Z D H Z R M F J A
C R M Q U A Z K H U K B B N R O N A X
O R N T G C V C D K W Z W O V G R Z
H W X F A T E Q H D H J I V G O P E R
V U G U V L D L T L Z I F X G Q D I U
G W U B P V K W W H O E Z H H C A L J
J Y P E Q A C X J Z Y I L R U O V N E
K L E C Z A J Q N X A R S G R Z G Z I
Y T T I L W T J Q V O E X E A J Q B F
S W I A S F I W K P B C W E S E M V V
D B O V F L B F A F J V B A U J B D Y
M K J T A T C Z E F J N U X B L H U I
C D X D M Y F O X H U N T I N G T Z T
Y Z F V R C C Q A W O U G J M Z L Z K
E J W A W T N Z G Y R I O Q P Y E U K
X K R C A T A D L K T A C B O B B I N
P M O A Q H M D E I R O N I M K B B U
O A O Y A R P Y H Z K C D Z Y C M M Z
C R S B X S V X P H O L V C S N E A J
D W T U G N Y K Q C L L A P F S P B W
P D E G M F I O F O W J N I K J W K F
J G R U X X C D N J O B W F U G U G Q
```

All You Can Eat

ACROSS

8. In 1928, Mildred Day of the Kellogg Company added butter and marshmallows to one of their cereals, creating which gooey dessert?

9. What candy's name is derived from the German word for peppermint, *Pfefferminz*?

10. In a box of Lucky Charms cereal, which color are the horseshoe marshmallows?

14. What is the Japanese name for boiled soybeans?

15. How many spots are on the domino on the Domino's Pizza logo?

16. What Ben & Jerry's popular ice cream flavor of peanut butter, pretzels and fudge was renamed in 2009 to support same-sex marriage?

18. What was the first American pizza chain to open a restaurant in Italy?

19. How many secret herbs and spices does KFC use to season their chicken recipe?

DOWN

1. In what cooking technique do you place food in a vacuum-sealed plastic bag, then cook it slowly in temperature-controlled water?

2. What is the name of the Japanese dish of sliced raw fish served without rice?

3. Which *Chew* host temporarily replaced the résumé-exaggerating chef Robert Irvine on TV's popular *Restaurant: Impossible*?

4. Which group is usually credited with making the first s'mores in 1927?

5. What is a "biscuit" in ice hockey?

6. In 2012, which U.S. holiday surprisingly surpassed Cinco de Mayo and Super Bowl Sunday to become the day on which most avocados are eaten?

7. Which turn-your-fingers-orange snack food was said to be a favorite of Julia Child?

11. Which traditional Hawaiian dish is made with cubes of seasoned raw fish served over a bowl of hot rice?

12. What drive-in restaurant began as a barbecue joint in San Bernardino, California, in 1940, where the beef, ham and pork with fries cost 35 cents?

13. What's the Australian snacktime favorite that's made with white bread, butter or margarine and rainbow-colored sugar sprinkles?

16. What is the name of the pastry hybrid created by chef Dominique Ansel?

17. What flavor are those chewy, orange marshmallow circus peanuts?

I'll Drink to That

ACROSS

2. Which island drink, invented in Puerto Rico in the 1950s, has a Spanish name that translates into English as "strained pineapple"?

3. What powdered substance is put in hot water to make the drink matcha?

6. Which round, flat candies did Admiral Byrd take to the South Pole on his two-year expedition of 1928?

9. One of the four ingredients found in beer.

11. One of the four ingredients found in beer.

14. One of the four ingredients found in beer.

15. One of the four ingredients found in beer.

17. What was the first flavor of a Slurpee, whose creator in the late 1950s called it a "Fizz"?

18. Which yummy Naples specialty was first sold in America by Gennaro Lombardi in 1905 on Manhattan's Spring Street?

DOWN

1. What cocktail made from vodka, ginger beer and lime is traditionally served in a copper mug?

4. Which restaurant chain bought Pharrell's much-buzzed-about fedora on eBay for $44,100 because it looks like the hat in their logo?

5. Which carbonated drink, patented in 1885, has a name that is synonymous with the word "gutsy"?

7. In Belgium, which crispy snack, a national favorite, is sold at the "frikot" stall?

8. Which classic cocktail is the traditional beverage of the Kentucky Derby?

10. Which actor has a mocktail named after him that consists of cola and grenadine syrup topped with a maraschino cherry?

12. What Grand Central Station watering hole, a *Mad Men* favorite, shucks and sells 2 million bivalves a year?

13. What preparation involves drizzling food with liquor and briefly setting it on fire?

16. What "smart" kitchen utensil, developed by MIT in 2005, "tastes" your food using sensors to detect qualities like acidity and salinity?

Bring on the Competition

ACROSS

7. The "Miracle on Ice" of the 1980 Winter Olympics saw the U.S. men's hockey team beat which team to win the gold?

8. Who was the first American to win the Tour de France?

9. One of three events in an Olympic triathlon.

12. One of the four events that women artistic gymnasts compete in.

14. In the 2014 FIFA World Cup semi-finals, what South American team suffered four goals by Germany in just six minutes?

16. Which university's women's soccer program is considered the most successful athletic program in history?

17. Who was the first New York Met inducted into the Baseball Hall of Fame?

18. Which NCAA football team won the first championship under the College Football Playoff system?

19. Which record-breaking sprinter, considered the fastest human alive, has the nickname "Lightning Bolt"?

20. Which city claimed the victory of the first baseball World Series in 1903?

DOWN

1. One of the four events that women artistic gymnasts compete in.

2. One of three events in an Olympic triathlon.

3. In 1986, who became the youngest heavyweight boxing champion in the history of the sport?

4. What color is the jacket the winner receives for winning the Masters golf tournament?

5. One of three events in an Olympic triathlon.

6. Who tied Tiger Woods's record for lowest 72-hole score at the 2015 Masters?

10. Which Olympic sport originated in Scandinavia and combines rifle shooting with cross-country skiing?

11. One of the four events that women artistic gymnasts compete in.

13. What sport is played in the Davis Cup team tournament?

15. One of the four events that women artistic gymnasts compete in.

Everything Else, Pt. 1

ACROSS

1. Which U.K. department store has doormen, called "carriage attendants," who wear green and gold uniforms?

4. Hazard, a tavern game popular in the 18th century, is the predecessor to which modern casino game?

7. What's the nickname for the fixed-gear bicycle made popular by bike messengers and urban hipsters?

10. Which silly-sounding word means you're camping, but not really, because you're enjoying some of the luxuries of a hotel?

11. Which sport, played with a broom, is often referred to as "chess on ice"?

12. Which broadcasting organization airs a weekly radio quiz show called *Wait Wait...Don't Tell Me!*?

15. Which three-letter acronym refers to computer gaming with many thousands of people playing together in virtual worlds online?

17. Which outdoor activity involves searching for hidden treasures using GPS coordinates?

19. One of four chess pieces that can move diagonally on the board.

DOWN

2. What does a philatelist collect?

3. One of four chess pieces that can move diagonally on the board.

4. Which make and model of souped-up sports car does chef Guy Fieri drive as the host of *Diners, Drive-Ins and Dives*?

5. One of four chess pieces that can move diagonally on the board.

6. Which sport does the term "scrum" come from?

8. One of four chess pieces that can move diagonally on the board.

9. What kind of hit does a volleyball setter usually try to prepare a teammate to make?

13. With variants played across the Middle East and Europe, which ancient board game uses both dice and checkers?

14. In 1971, surfer Tom Morey invented the lightweight foam bodyboard and named it what?

16. Which baseball broadcaster worked 67 seasons for the same team?

18. Who helped break the Enigma Code in World War II, and was a British marathoner who almost snagged a spot on the 1948 Olympic team?

Everything Else, Pt. 2

ACROSS

2. What does a milliner make?

5. What is the name of the vehicle used to resurface the rink in an ice hockey game?

9. Among gamers, which word is used to describe a player changing an aspect of their game to make it less powerful?

12. One of the four ghosts in the *Pac-Man* video game.

14. What NBA Hall of Famer is nicknamed "the Hick from French Lick"?

15. In which sport is the target ball called the *pallino, pallina, boccino* or jack?

16. The "Roaming Gnome" is the mascot for which major brand?

18. One of two former figure skaters who teamed up as NBC commentators for the Olympic Games and Kentucky Derby.

20. Which style of felt hat is identified by its short crown and narrow brim?

DOWN

1. What is the centuries-old technique for creating patterns on fabric using dye and wax?

3. What is the oldest stick-and-ball sport on record and is played in more than 100 countries?

4. One of two former figure skaters who teamed up as NBC commentators for the Olympic Games and Kentucky Derby.

6. In a game of dominoes, what's the term for the first double played, from which other dominoes may be played on all four sides?

7. One of the four ghosts in the *Pac-Man* video game.

8. Like its four-leafed namesake, what is the bowling term for scoring four consecutive strikes?

10. The 2016 film *Concussion* sheds light on brain injury in which high-impact sport?

11. What is the popular name of the 2015 football scandal in which the New England Patriots were accused of removing air from footballs?

12. The Wiffle ball, created in 1953, was designed to do what?

13. A "flèche" is an attack in which swashbuckling sport?

15. One of the four ghosts in the *Pac-Man* video game.

17. Linen fabric is made from the fibers of which plant?

19. One of the four ghosts in the *Pac-Man* video game.

FUN FACT

You can buy
Trivial Pursuit *in at*
least 26 countries and
17 languages.

Answer Key

Time to see if you were right!

Word Jumbles

Page 6
1. Peter Jackson
2. Owen Wilson
3. Shia LaBeouf
4. Robert Redford
   (It was named after his character in *Butch Cassidy and the Sundance Kid*.)
5. Bill Murray
BONUS: Dustin Hoffman and Philip Seymour Hoffman

Page 7
1. *The Notebook*
2. *Rosewater*
3. Narragansett
4. *Ghostbusters*
5. Chicago

Page 8
1. Leslie Knope
2. Idris Elba
3. Betty White
4. Maggie Smith
5. Superman
BONUS: T-1000—The malleable-metal Terminator was justly liquefied by hero Arnold Schwarzenegger.

Page 9
1. *Doctor Who*
2. Green Hornet
3. Julie Andrews
4. Smurfs
5. *Firefly*

Page 10
1. Richard Rodgers (of the musical hit-writing duo, Rodgers and Hammerstein)
2. Debbie Harry
3. "California Love"
4. Pearl Jam
5. Celine Dion

Page 11
1. White Stripes
2. The Cure
3. Tupac Shakur
4. Frank Zappa
5. Sam Hunt
BONUS: Sony—The Walkman is an analog dad to modern digital music players.

Page 12
1. Will Ferrell
2. Trevor Noah

3. Michael Douglas
4. Ellen DeGeneres
5. Jimmy Fallon
BONUS: New York City

Page 13
1. Michael Che
2. Samantha Bee
3. *The Bachelor*
4. Arsenio Hall
5. Stephen Colbert

Page 14
1. "Push It"
2. Barry Manilow
3. Jessica Alba
4. Jimmy Buffett
5. Timex
BONUS: M&M's

Page 15
1. Adele
2. Victoria Beckham
3. *Star Trek*
4. Snapchat
5. Tony Bennett

Page 16
1. "Say Something"
2. Jane Lynch
3. Tim Gunn
4. Amy Schumer
5. *The Amazing Race*

Page 17
1. Gretchen Carlson
2. Donny Osmond
3. *Survivor*
4. *Orange County*
5. Clay Aiken

Page 50
1. Corset
2. Motorola
3. Listerine
4. Eighties
5. Miracle Mop

Page 51
1. Steve Jobs
2. Thomas Edison
3. Google
4. Bill Clinton
5. Jelly Beans
BONUS: *It's a Wonderful Life*

Page 52
1. *Nixon in China*
2. Andrew Johnson
3. James Madison
4. Abraham Lincoln
5. George W. Bush

Page 53
1. Lyndon Johnson
2. Bill Clinton
3. John F. Kennedy
4. Barack Obama
5. George Washington
BONUS: House of Representatives

Page 54
1. Jacqueline Kennedy
2. Martha Washington
3. Harriet Tubman
4. Madeleine Albright
5. Abigail Adams

Page 55
1. Miss America Pageant
2. Tipper Gore
3. Kate Middleton
4. Madame Tussaud
5. Nellie Bly
BONUS: Girl Scouts of the U.S.A.

Page 56
1. Tiananmen Square
2. Cecil Rhodes
3. Nelson Mandela
4. Fidel Castro
5. Winston Churchill
BONUS: Houses of Parliament

Page 57
1. Silvio Berlusconi
2. Diamond Jubilee
3. Napoleon Bonaparte
4. Mohandas Gandhi
5. Nicolas Sarkozy

Page 58
1. Thurgood Marshall
2. Speaker of the House
3. Vice President
4. Janet Yellen
5. Gerrymandering
BONUS: North American Free Trade Agreement

Page 59
1. Geraldine Ferraro
2. Dwight D. Eisenhower
3. Peace Corps
4. Ruth Bader Ginsburg
5. Filibuster

Page 60
1. Battle of the Somme
2. Battle of Culloden
3. Wars of the Roses
4. Jacobins
5. Yom Kippur War

Page 61
1. London Underground
2. Wounded Knee
3. Minutemen
4. Queen Victoria
5. American Revolutionary War

Page 94
1. Edgar Allan Poe

2. Robert Galbraith
3. Aziz Ansari
4. Biochemistry
5. Tom Clancy
BONUS: Salman Rushdie

Page 95
1. Stephen King
2. California (His bestselling *The Innocents Abroad* collected his travel reports for a San Francisco paper.)
3. H.P. Lovecraft
4. T.S. Eliot
5. Sarah Silverman

Page 96
1. Fred Astaire
2. *In the Heights*
3. Mikhail Baryshnikov
4. *Jersey Boys*
5. *Into the Woods*

Page 97
1. Edgar Degas
2. Misty Copeland
3. Pas de deux
4. Frank Gehry
5. Lin-Manuel Miranda
BONUS: Idina Menzel and Kristin Chenoweth

Page 98
1. *The Restaurant at the End of the Universe*
2. Washington Irving
3. *Grimm's Fairy Tales*
4. Mycroft Holmes
5. Gertrude Stein

Page 99
1. Truman Capote
2. *The Silmarillion*
3. *Catcher in the Rye*
4. *Guns, Germs and Steel*
5. *The Girl on the Train*
BONUS: "E"

Page 100
1. *The Wizard of Oz*
2. Shel Silverstein
3. Amnesty International
4. *James and the Giant Peach*
5. *Jolly Roger*
BONUS: *Diary of a Wimpy Kid*

Page 101
1. Metropolitan Museum of Art
2. Antoine de Saint-Exupéry
3. *Choose Your Own Adventure*
4. *Charlotte's Web*

5. Rikki-Tikki-Tavi

Page 102
1. *Buffy the Vampire Slayer*
2. *Breakfast at Tiffany's*
3. *Vanity Fair*
4. Cindy Crawford
5. Starbuck
BONUS: *1984*

Page 103
1. Neville Longbottom
2. Rosewood Day School
3. Reese's Pieces
4. Throwback Thursday
5. *Pride and Prejudice and Zombies*

Page 104
1. Thorin Oakenshield
2. *To Kill a Mockingbird*
3. Louis Zamperini
4. *The Talented Mr. Ripley*
5. *Along Came a Spider*

Page 105
1. Edward Bulwer-Lytton
2. Gillian Anderson
3. *Uncle Tom's Cabin*
4. Ernest Hemingway

5. Lisbeth Salander
BONUS: Algonquin Round Table

Page 138
1. Mexico City
2. Moscow (It is located on Red Square.)
3. Pittsburgh
4. London
5. Chicago
BONUS: Oregon (Though he's happy fans assume it's any number of real Springfields.)

Page 139
1. New Mexico
2. Tampa
3. Louisiana
4. West Virginia
5. Nashville

Page 140
1. Golden Gate Bridge
2. Tomb of the Unknown Soldier
3. Waterloo Station
4. Great Pyramids of Giza
5. Trafalgar Square

Page 141
1. George Washington
2. Rio de Janeiro

3. Chrysler Building
4. Madison Square Garden
5. Air and Space Museum

Page 142
1. Lactose Intolerance
2. Martin Luther King Jr.
3. South Africa
4. Colorado
5. Banff National Park
BONUS: *American Ninja Warrior* obstacle course

Page 143
1. Great Smoky Mountains
2. Urals
3. Nepal
4. Sierra Nevada
5. Andes

Page 144
1. Aztec Empire
2. Jersey Shore
3. Constantinople
4. Amsterdam
5. Tijuana
BONUS: New York City

Page 145
1. South America
2. New Orleans
3. New York City

4. Los Angeles
5. Akihabara

Page 146
1. Cadillac Ranch
2. Chelsea Hotel
3. Independence Hall
4. Leaning Tower of Pisa
5. Brooklyn Bridge

Page 147
1. Rod Stewart
2. Copenhagen
3. Mall of America
4. Moulin Rouge
5. Eiffel Tower
BONUS: International Space Station

Page 148
1. Benjamin Netanyahu
2. Alabama
3. Highland Games
4. Godzilla
5. Republic of Ireland

Page 149
1. Nikita Khrushchev
2. State Hermitage Museum
3. Guinea Pig
4. Monopoly
5. Tennessee
BONUS: Strip—And

they did! The Russian words for "develop yourself" and "undress yourself" are very similar.

Page 182
1. Charlie Chaplin
2. Virgin Galactic
3. Justin Timberlake
4. General Motors
5. Larry Ellison

Page 183
1. Dow Chemical Company
2. Augmented Reality
3. Ridley Scott
4. Segway Personal Transporter
5. Super Soaker
BONUS: New York— As of 2015, there were 277 spots in NYC to get your very own tribal or Taz tats.

Page 184
1. Tom Anderson
2. Mark Zuckerberg
3. Sir David Attenborough
4. Stephen Hawking
5. Roger Tory Peterson
BONUS: Josiah Wedgwood II

Page 185
1. Michael Nesmith
2. John Quincy Adams
3. Extraterrestrial
4. Thomas Edison
5. Felix Baumgartner

Page 186
1. Internet of Things
2. Merry Christmas
3. Queen Elizabeth II
4. Uncanny Valley
5. Ninth Symphony
BONUS: In my humble (or honest) opinion

Page 187
1. Universal Serial Bus
2. Tim Berners-Lee
3. Global Positioning System
4. Light Emitting Diode
5. Selfie Drones

Page 188
1. Human Genome Project
2. Mütter Museum
3. Sense of Smell
4. Mad Cow Disease
5. Wisdom Teeth

Page 189
1. Brain Freeze
2. *The Future of the Mind*
3. Gallbladder
4. Human Brain

5. Spinal Nerves
BONUS: Avian or Bird Flu

Page 190
1. Charlie-Alpha-Tango
2. Bioluminescence
3. Monarch Butterfly
4. Sperm Whale
5. Corpse Flower
BONUS: Small cats can't roar.

Page 191
1. Brown Recluse Spider
2. Horseshoe Crab
3. Mantis Shrimp
4. German Shepherd
5. Hawaiian Islands

Page 192
1. John Glenn
2. Hubble Space Telescope
3. Supernova
4. Goldilocks
5. Light Pollution
BONUS: "In space, no one can hear you scream."

Page 193
1. Asteroid Belt
2. Andromeda
3. *Mir* Space Station
4. *Opportunity*
5. Crab Nebula

Page 226
1. Anthony Bourdain
2. Jose Canseco
3. Jacques Cousteau
4. Barefoot Contessa
5. Becky Hammon
BONUS: Loch Ness Monster

Page 227
1. Jackie Robinson
2. LeBron James
3. Reggie Jackson
4. Serena Williams
5. Katie Ladecky

Page 228
1. Brooks Brothers
2. Tennis Bracelet
3. Vera Wang
4. Karl Lagerfeld
5. Pointe Shoes

Page 229
1. Ronda Rousey
2. John Varvatos
3. Marc Jacobs
4. Marie Curie
5. Elizabeth Arden
BONUS: Christian Louboutin

Page 230
1. Dallas Cowboys
2. English Premier League
3. Dallas Mavericks
4. Houston Comets
5. New Jersey Generals

Page 231
1. New York Yankees
2. Appalachian State
3. Detroit Pistons
4. Golden State Warriors
5. Los Angeles Clippers
BONUS: Blue jay

Page 232
1. "Sweet Caroline"
2. Cooperstown, New York
3. Ichiro Suzuki
4. Mariano Rivera
5. First Night Game
BONUS: Check or checked swing

Page 233
1. Don Mattingly
2. Hit for the Cycle
3. Louisville
4. David Ortiz
5. Loma Prieta Earthquake

Page 234
1. Ronda Rousey
2. Mo'ne Davis
3. Lisa Leslie
4. Mia Hamm
5. Pat Summitt
BONUS: Florence "Flo-Jo" Griffith Joyner

Page 235
1. Simone Biles
2. Caroline Wozniacki
3. Dara Torres
4. Brandi Chastain
5. Mary Lou Retton
BONUS: Serena

Page 236
1. *Friday Night Lights*
2. Heisman Trophy
3. Florida State
4. Calvin Johnson Rule
5. Marshawn Lynch

Page 237
1. University of Tennessee
2. Archie Griffin
3. Mississippi State
4. Vince Lombardi Trophy
5. Peyton Manning

Quiz Search

Page 19

```
W O M A J K E S E S J U F X E S R U K
E M K A A Y A H G K K B J F A J E L B
Y S X Z N H S K V O M M M H A R N G I
U E K T B W E E B P G L U N A T R F T
K R W G K O Z F B I U Q I T J T U L P
A C M F I G D A N Z D S S Q E R T E D
I M J G H T T S I Q J K B Z H V A E Q
Y C A A D K E M J O C Z Q U V B N T J
T D E K B G T P P A Z F T F R Z I W K
S A N T T U T L L P T O W F F E T O X
P S B A L H I B S Q A W W F I E O O L
Z D F H E N E H S A C Y N N H O J D K
I N W E U C Z B K A T Y P E R R Y M F
E U J H V U A V O U T S C Y O O X A W
A Z S N D M P R X O C P O K U K X C K
Z H X H S C X N O U M C J W R V K J M
Q M Z K U I U H S H E T J H P F O E Z
G D N X T C S J D Y D Z O S H Z X R H
P L C H E B I H V P H L X W Y W H W M
X F I X Q I A F N D G M Y L N R N E W
K K L P U W V N Y U V G W C F R N C L
E T H Q U V N V P F D P L J V O A U C
T S W P E W N M D J A B O C E W L T N
U R L I E L P Y G O I R N Q T U M E S
```

1. *Blackstar*
2. Katy Perry
3. Johnny Cash
4. Sia
5. The Boomtown Rats
6. Ice-T
7. Horace Andy
8. Janis Joplin
9. Tina Turner
10. Fleetwood Mac

Page 21

```
O L U I O Y N Y S Y S E L H I H Y L A
S W I P S T G X Q O S F L F I I W R C
L P I L Z H Z V N Q G I N Y B V O Z S
T N O D Y J Q A L W Y W Z R S D M X C
X Q L O T H R M G O S D S O M S O C X
I D Z H M P A O V F N O T M G R U I E
M R Q L O N V M N Q G O T W U K W E C
U V D S W E S P M K M G C F N N C Z E
H A E Y R O I E U E H E L K W C P Q F
R H C N P Q I L O D R H X S V D S E D
T E O M Z S A U U L I T I A M H N G Q
Q R P M Z W T T H Q R F O L Q R Z B P
Q O F O V H E C G W B U T L B G Z L D
B U Y I O U S S T L E L S N U H F T H
L E X W U C X V S F O L M Q L I C K L
N C Q D L Q Y O O F C H H V Y T G N I
I M J P I E D E L S Y O T K H I P L V
C M L Y I B B G L N R U X X Z F U C I
O P F L A B P K C D E S I X N L N W L
T O B B D U O K G M A E Q C M V Q A B
T H E S I M P S O N S R M U L M D B C
K J U X H W Z N Y S K R B R E J Z E L
J Z M V K J C G Z M J R C E L F P T Y
C R G K G Y X P R E Z E O W W T J U C
```

1. *The Good Wife*
2. *Lilyhammer*
3. *Cosmos*
4. Governor
5. *Full House*
6. Moops
7. *The Sopranos*
8. *Lost*
9. Bradley Cooper
10. *The Simpsons*

Page 23

```
G R T B O F D D U E J K K J U C D O O
L V S N G N Q A F N N B I R H R D F H
L Z S O B X W F O W Q U F E O Z V F C
S P I R I T E D A W A Y G F R U N I Y
S Q E L V E S H E O B U N P J B Q C S
Q H L C Q R Q T O O E O D T O I E E P
W J N Q E N J Q A V S H N I A T M S T
H J U P V A Y G A I V U G P L M C P U
V E O K A U R R R T Q M M B X I E A N
E O L Z D E A R A E B E H T Z H D C Q
L M L E X T A W L U U D V K T C Q E A
X T O W N H R Q L U R T Y A B M M O B
U O I Y Z M C Z V E B P I N R D Y J J
N W W I J E I Q H Z B V I L N K C W A
P L G U T X G R X I T I B B F D H Q X
F D I M U V C Q R Z C U K H S T L Y U
K T D B O V W K I E P O Q Y A O S J W
E B H K O Z O X J P N M Y I A S A Z N
G T A C S V N N W Q T D G W Y J M M J
H F A Y K V W R Q D D P W L M B I T J
V P J Q B L P X W L R U S G H D S S U
D G T F L U U D W H H Z Q H O O X S X
V J T X X G X Y H Q N F L Q I O N K I
Y K W A B X A R A L J B P O R J K F U
```

1. Che Guevara
2. Elves
3. *Top Gun*
4. *Psycho*
5. Helen Mirren
6. Harrison Ford
7. *Office Space*
8. The Bear
9. *Looper*
10. *Spirited Away*

Page 25

```
T G N Z V Q R D I A H Q S F G U P V G
Z H N O U L M F N N D C S R E Y R B Z
F D E F S L M G O E S J P E F Q B G K
P N T F R T R T F E A J Y N R V J I U
S D B C L Y R B O Y E S J C N X S P B
M Z U C B I Y E F J R L C H V E J A O
E J N I D N N H B C I H F B W A O P P
J M R I Y U K T M O B Q C U U L D P F
A D C H O Q G V S D R N Y L X M X E B
S K E R I B W X C T K B S L T N S P B
Y L F N O G A R D W O C T D F F Y R D
K P Z I N H H W Z L V N W O O Y J Q N
M R D Z O I V G E V P V E G Y X C N Q
T E V L P A S C A L K Z J S G Z N E U
V B M E Y V R T V W V B I B H Z Q U P
N U E D T A U L Z T J C W Q E H W K Y
A X M E M B U B V A K C L I F A Q A C
V M R A U R L Z K P O I I B T Z R T X
Z H K P D K M F J B V N J C Q T E S A
X T V F A N N R G I Z S F N N E W M X
O M Y Z C P J M O U O A S C R O P O D
U Y N I K Q W F B X R H Q C A R W M G
P I T W R N C B J P P X M U T R V H T
V R F X Y R K G L R W G H A V A I Y Z
```

1. French Bulldog
2. Marcel
3. Bear
4. Dragonfly
5. *Angry Birds*
6. Robertson
7. *Peppa Pig*
8. Rat
9. Pascal
10. *The Flintstones*

BONUS: Mosquitoes preserved in amber

Page 27

```
P E R W A Q P Y A N R H U Z B G U S L
W Q Q J H E F I P O J X U E V R R G W
V W R Z K N U W P T Q Q D S T E M D K
O N Y L Q C X B N E E G H A G J A G P
L Q M H R C I P O A R X B R W L A R G
A J S K B C F N U J V K U L F A I R J
F E G V K Z U K N Q R B E Q I J D W H
B T A A Q A N U Q O L G F R S A T A O
Y C B N Y R W Q F H C H R W M B U X G
Y L J W F R T O A P W Y W F R A K S L
W O K C Z G O W H Y M L R R T M N V Y
B N J R Y X H Y M T N U V R M T I W F
I N R V J U D Y X N P Z R B A Y U V M
X J B C U W K I Z U I B I D L H W A D
H U E A E E N A U O Q W B L H X E W E
I Y N U B W U Z X C K G A M M S Q F W
T T A M S O P O L E T Z Z J U T Z F K
U T F Q E O K Y M G E Y J R K D F I K
M K F I Z G S V L N F E V U V T W B F
E F L L F C A N N A W I N T O U R R L
W D E T Z M Y V R R V L R I G W E N Y
G W C T J N X E P O N Z Y N H G Q D K
J J K D H E P Q R E O U H T P U K O Y
P O K M R K D G B M I L C T W A B Y C
```

1. Wahlburgers
2. Anna Wintour
3. Harry Connick Jr.
4. Punk'd
5. Piper Kerman
6. *New Girl*
7. Ben Affleck
8. Orange County
9. Drumpf
10. *Survivor*

Page 29

```
B R P U T X T F P L C N P F E E B V L
L O R Z R S Q M A E V N V U I Z T H N
S B C B A K E R K J R S T N X D U R R
J V T C D U R F V J F E C Y C Y C J R
B T D Y O Y T U T Q I Y Z Z J C U B N
S O C C D W O D L J P O R H L L E Q N
P O E A C I L L A T E M Y Y I S T L Z
W O V K G C X H D Z T L U Z I L O C E
S I S A X M V J E T S V V J W V T P W
D A N E E I B P R U G O O C Q N Q O M
W X L C A Z L W W F T K W S C D Q W N
T F V J R E I F I P H O N E H O Y H A
V Y A N O E B M T Z M I N K S L T L A
U V I R D F K C D E V R E S E W H J R
H P I X N W L Y T R N F K F X Z B T O
E S M S A O A N E X D X B K G R P N N
Z O Y W P E R Z S U M Q N J C C S K S
M O T F K B Q U I Q F G M T G G N X O
I T B M H B E S Y U C H G A Z E M A R
O E O S R I S B S J D Q C I K E B K K
S N Z B B Z K V A T A A V J I N S L I
N F N U V U Q C E Y B Z T I M K S H N
P M H Q V D H V V S E T S J P G S X Q
N G R P M E Q P W G D E B Y I E R K E
```

1. Netflix
2. Pandora
3. iPhone
4. Kim
5. Perez Hilton
6. Metallica
7. Podcast
8. Larry David
9. Aaron Sorkin
10. eBay

Page 31

```
W F V Q Y S M H F F I C F K F F T J A
V X X N L W A M R E Q E W I C B O P O
E C Q R K V H M A D U C W Q E P U T M
W R J G E E T O C D E T Y U U D H K B
E X Y O M T H H J C S J Y B J T I J F
L E O S T X Q E T Y T M U R G T T R V
P Q W V X Y Q T P S L E W D T I M Y O
L Z G G X K A N R X O N E L D L M X S
D M V L M V Z E Q D V O O B W P F H T
C B R C W T Y B W G E M D T Q O H F P
X Y F B K E Y X A L E Y N N J P Z E K
O B K V M K M J G H Q S R I H E W R Q
B N Z H L S E Z I I J N I P Q Y T O F
C D T K A B R M N I U E N S J D D B R
G E A F H K K E M T L V L R X O S H E
S R X N H A Y M T A P A N T Y H O S E
M T W V R G Y N Q H S R K Z H Y B O Z
J I M A H F R C E O G T E X Y Q Z T D
L U O S A G D W K T E I O F C T B Z O
E K Y L J T Y R F F T D F N P E S Q Z
E M L P V D G B P X C E I O E O Q K P
E O W P Q K I G R G B H Z N O D Q K C
N E N L L E B N E T S I R K F F S H O
D X F R M D S O L N S V L G A P W T D
```

1. Pantyhose
2. Seth Meyers
3. Karaoke
4. Jimmy Fallon
5. Kristen Bell
6. Foo Fighters
7. Emma Stone
8. *SNL*
9. Raven-Symoné
10. Questlove

Page 33

```
B J J G V R M T T E N R U B L O R A C
B Q J C Q K E L Y C T D B D S G N S A
I Y H R J G G H L G M U K A V A X N B
F Z O A V X H S W A L X G R M B G C U
K B H U C G A P M O B Q D O U E Z N N
Z A N V A J N A Q W E E W O L J B S D
B R T Z Q M T G W K A R L I C Z J Q R
A G G Q H T G R H N H E L N L M Z B W I
H Q D W R A A R Q P N A O M I I V T B
U I H H P Y I U U M J I W A G C O B R
E C F V X Z N S D O D W X D M E U Q E
Y O R Q X V O B L M H T J O G H I L D
D L H S Y J R I I W I I W N O O W V N
I Q R H E R E I L G Y A O N J R T U U
I T R Q H T G M M F E Y Q A N T V R H
K N N T C X A M H G H L A G F O D Y T
V M A T P Y R X Z N G Q O S Z E F F E
R M D E O Q T K J G B E I W Y O H L H
U B A A A Y T I D D T D W R D H O J E
K I L L B I L L N F D W D Y H T W E R
M Y D M G L P D G A W I I Y D L H F D
N J Q F J Q K F Q D F E N G X F M G R
B A W M Y O W W Y E C E Z F Y M D F Q
T R Q M D W G N T E C U Y M V C B Y P
```

1. Lucille Ball
2. Kathryn Bigelow
3. Thunderbird
4. Superwoman
5. Tina Fey
6. Meghan Trainor
7. *Kill Bill*
8. Madonna
9. Carol Burnett
10. Angelina Jolie

Page 35

```
P X T K M A H F Z E J V Y Z X H A U O
A S D N S K E J L N D T T L G A E I O
K C R O T K W T X A R G C P V I W S R
K W F Z L C R F B I M B V Z S R K M U
D C G H G C O J D G V N S M C T Q Z O
I Y Q I O T Q N C D Q K I V D H X K O
A G E M X T I L K G C K L H Q E Z N G
P A G R F D C E K A R D E T S I R R K
F A T Y I Z C E Z J Y H N I W H Y K P
I I I R A V S H F H T A T H U I D A H
G S A X C Z G L U R F B O Z C S G M W
X Y I G D I A F Q Z E E B E N L S A A
B Q V P U P Y L R P B P C Z K D V B A
S D B S R J D H E R Z U H N O R Z O O
A W Q C D P N J V A B Y G C Q B O K W
V S H S I E D V F E H Z A X T I B C L
M F W Z H S X O W E Z D P J Q I R A U
R Q K U N U A C O A N C Z V H N P R W
X A R S W N U Y R G X V I N S S R A T
H S R V A H Q W H W F T D G O M Z B Z
Z T B G P O S J O F H C C O T U E G E
F D T R B X A P J N I C K I M I N A J
Z W V M H I O A Q M Z J W F R A E P S
Q O G O X O B V B I F L K W E B B N M
```

1. Jay-Z
2. *Pitch Perfect*
3. Silentó
4. Ice Cube
5. Barack Obama
6. Ridin' Dirty
7. Nicki Minaj
8. Drake
9. Iggy Azalea
10. N.W.A.

Page 37

```
W O R I I U Q K E E Y H P A E H N S Q
D R E X V M S K L I M U R V T I V O F
P J L N G C L N G M G Q R L A B F L D
S L Y P I J O N F T C J T T I Z V A D
E U Q H H A H B L G K A S V K B Q R J
F X Q Y E T T W B E O A L A J E I E O
I S R D R U J P P D H G K L G K R C R
N X T A A Z R G A C R Q F Q M V H L R
T Z E C N S S O A C Z Z N E L D J I T
M C P Y P Z J C P M Q G Z U K B J P O
Y G O Q S G I B F A F G P D W X X S S
B U S C S S N O S T R O M O S Z F E K
J J J R S A H L Z G A E R K S B M H H
W T U E F K O M B H C U P P V P D O X
V K J E B R Y C J A T T S O T M Q D I
I L Z N Z E R O D G D O E F R G I S H
E R W I K C B L E C F M G N N T B E A
O N A G W B F R E I W O B D I V A D Z
J S B N E Z H R D K Y S G L B F U C O
V Y X E N A X Z B I W B H M W W L M W
B T H Q U K W R L O Z Z P W A J L P E
U O I E Z R G M D Q F H Z O M Y A S P
Z S R K G X R U T A W Q A T G Y Y V R
C S B S Y M E I O L Y E S Z Q Q G B O
```

1. Earth
2. *Europa Report*
3. Jessica Chastain
4. USCSS *Nostromo*
5. Engineer
6. Solar Eclipse
7. David Bowie
8. Zero
9. Rutger Hauer
10. *Captain EO*

BONUS: BB-8

Page 63

```
I P L G Z G V Z A V G J V M F Y U D X
D P A C N K V G F G Z F K O R J A G H
Q B E S P I E Q T C S B S Y N N E B T
H P D T U J T F M E U E E O T K D I S
N T W J E J D U V Z R B S P K K U L G
K F E T D B Q N P W D N V Z T U R L C
P W N V Y M B Z X R H P U N X U T C Z
E S G E B T H V C O I C H D O S N L U
N O S R E F F E J S A M O H T S I I W
B C Y U T Y B N Q P J H I Y Y X T N E
E R C E D W O E N Q C A Y D Y T S T M
E H O V R D C R D M Q I P C A F U O L
Y N G N N P J L E P C L Z Z X L J N H
R J O Y A M M X Q W Y V H E V A V F B
J Z L E W L Z A C H A R Y T A Y L O R
V Y O J C R D H S U B W E G R O E G O
X E W I N R R U Q M G S B F S Y T B
O M G P Y M O F E Y M L R C W E H A Y
L C R U Q L F F R A P Y T G Y C Y A O
S J J B X P F C R J G Y O H L D W S B
P X U M N R A M S I S A H T F S G L M
A E F R Z T H H Z K A T N Y A P L K N
S N A G X X G S I M M P N U B L G Y U
W I T I R Y B C K Z N I D U I K M E M
```

1. Vladimir Putin
2. New Deal
3. Bill Clinton
4. George W. Bush
5. Ronald Reagan
6. Air Force One
7. Justin Trudeau
8. Lyndon Johnson
9. Thomas Jefferson
10. Zachary Taylor

Page 65

```
W H S G K G N C L P G W K Z N N C Y H
F K Z K E Q E I D W K G Z U O N F D L
R W H Y I J K B H C A E P H W D V W I
M R X Y V L I J L W X P T A D E V R X
I G Q D E L E R Z F Q A U F X U Z B G
G Q L L L V M D A Q R V I B Y V P Q B
L E Y I T Q Z Z D A X A T T T V I A F
U H O Z Y C N P M T C N B L V B I E K
G N A T R E X F G B A S B E B S Z V D
R X B S R Q O P L M J X C X J O W V E
R Z F F A E O T Z I T H E I C E M A N
E R U Q L A V J A G A T J G M K N N K
A O L T U U P E C A Q Y W J X K B J I
Y N T D H N U S Z S S S X B Z U J S A S
S A I Q T R J P O V V G R J Z V C B M
B V W H T Q Y Z D C H A X E C X U G Z
D L K O C R M T G P T A S R L J G L S
D M Q G H X C W O P P B I T I N S A A
W N T I D L Y B A Q G V Y L E A J P N
T M S B E E E M A R S V B H T M E E S
Z V R K D Z N F Z Z M A W X D U W C K
G E O U Z X Y D U F G W W M B H V W R
A F E U S B H Q P B M Z H K N R Y H I
R H D V W H N X G S Y S R D W W W S T
```

1. Lhasa Apso
2. Peach
3. Billion
4. True
5. Battle of Marathon
6. Ötzi the Iceman
7. T. rex
8. China
9. Human
10. Sanskrit

Page 67

```
P P V Z G E N E R A L E L E C T R I C
B I S E Q G N S K X Y M Z Y O D G X U
N H N K R P H N Q S V A S G X S J E S
O L Q K Q I A F M Q P R T T Z Y K K V
I T D P E R Z J A M H G U E V M L S M
X D A X F R Y O M Y P A D U K Z C S P
M K L D R A T A N L O T E Y T X I K I
Q C D K S K E O G D J S B J P D D X W
A O S P S W D O N E N N A Z R U P O Q
D D B S S G Q P R S S I K T X R D X U
M J E G O C L R E K T H E T A J F Q M
U U Y X T J Y A N S N S R A M N W I M
B Y J X H B Y I J E U X U U N A J H I
U Z Y S R D N U E B D W G V X P C J G
U E X O T Y E S A K O M G L P H Q C E
B W W V D N G H T Y E N M Y W Y Z J B
Y N N J M W A I J J Q A O F H R X T E
T X I W R K I H V K P W B H J B Z J A
A T L W M Q B L P R S F V B Y O G Y D
Q V R S W S Q C A E S A U C E P A N S
L E X S J U A N R W L D V J D H P Q Z
B S E G D I R F L E S E N I O O N Y H
B F N S N Y E K R W M K E J M M A P O
E K N Z O L Y I T N A J F U S D P S V
```

1. Pinkertons
2. Elephants
3. Verizon
4. General Electric
5. Instagram
6. Dodd-Frank
7. Studebaker
8. Jerry Brown
9. Selfridges
10. Saucepans

Page 69

```
S P E F G M Y M U V Y P R T H B N X S
B T P R Q A V W I H H R I C W N T Z Y
T B A B E S O S H I I S C A O L B M Q
K X S T P V J P L I M I H T M Z B G H
R N M A U M E A D A G Q A O E T Y G I
B G W Z V E D R D V S S R I N Z K R O
Q A H Q W E O A L H V K D R U F H P Q
I D P B L A N F G U T N N T I U F Z N
S C W P Q H F L L J A N I A Q D T R P
F C H D O C H H N I J P X P O G K O M
H I E J V J X Q Q O B S O J K Q O Z I
A W D V K B N W U P G E N W I O N Q O
M N X M V F Y G F I X L R P O E A W X
Y M M N E Z O N R F D J N T V T C T Z
C G E F A R O K X U X I E A Y J X Z M
V N A M U R T Y R R A H K F Y F C V C
V C J H A W A I I Y B K S M E F A R O
N C S Z Z W J J X C U Q Q P L T F D F
I A J Z C Z G G S X G E F Y R Q D O X
V F O K X I K S Y Q R P C V F S D C V
E B O W U D V U E A E U I I F C J F T
H Q I B R U D C I M G J C C F M W Q K
R F D H W G F U P R P C Q A J N I J E
S Y B S G E Y M E H L U Y Z K C V A R
```

1. Paul Revere
2. Patriot Act
3. Hawaii
4. Whigs
5. Women
6. Harry Truman
7. Statue of Liberty
8. John Adams
9. Richard Nixon
10. Philadelphia

Page 71

```
B B U C N J X W A O M T V C A M Z V N
C Y R U D R G A M T G N M X G B I B D
Y Q Q X H V T O J C U D H C V M L J C
O N H U E A U I F J U H J G J G P G L
C Z O M H C R X B K V H W N T D P K Y
F G R L O D X G I B D G J V K L T X V
P O R I C P M P A Q A Y T I A G L N V
W T R E O C G K H A H R F J P O S E I
C A C I A G J G D F M G N I O W A U O
M S C Y E T C V L X O Q U U L L T D X
Z V A I G C D X D H D U R Z F B H B J
V L N T T O Q A C Y N E I A I D I G V
U K I Y H W C L N L W U E T V C R L T
V A L Z T N O M R E V H C Q E N T H I
F C O O W B J L I N A O V B V I E W N
Y A R K F F P V T T I M H L C Z E G I
K J A J J K N V U N Q A Q T F I N P J
D R C O C N Y Q H B M D T R Q X A O E
S J H J O I L P P J D I I V J E D L P
O F T T C A F Z Y A Z O V S X X L N A
D E U G H I W M U N O Z U A F T C X U
F D O M I N N E S O T A Q X H E I X Z
O S S F X Q L R X R G O N E H I Y N E
U E Q B Z L R K U X W N T T J Q T L K
```

1. Texas
2. Utah
3. Minnesota
4. Bitcoin
5. Thirteen
6. Great Dane
7. Mario Cuomo
8. Vermont
9. Rabbit
10. South Carolina

Page 73

```
W P K W B J S W Z E L B E N B T T V O
L L Q U Q G D V M D P J L U Z J I C D
C P S E I R F H C N E R F U E Y T E E
R H I S O V W N A Z Y D A S W I A W G
J P A A E I H S F E A V F O S A N O N
C Z X R X M X F W V F L B Y A V I V I
L R Q W L E U M Z E G U A P D K C T O
M A Q U D I Q O A S F A E C D F X V O
P O H Y D R E H Q C U T E O A E H P T
T F L Q Q P F C K F E M Y D M F C L T
S P V A T U Z G H R Z P E F H W Y F A
U C P Q S V G N T A V N W Z U S G U T
I V U Q H S K H T V P Q X C S N S R D
W Y Q W N W E P V V V L C F S C U B T
Q O E N P G T S J A N U I E E Z U R W
O F E N R H A M I L T O N N I U A Y B
Z P V E M M N P J S Q D C R N T T G X
D U A Y L O W V H L C N G R S F C G V
P T M N W C R R E K F K B H R X B F J
P R J A J N X T M F Q T T P B S W K M
H T E B C H F P T R S A H F L F A W M
F S W I J I E K P I E W E U K P P R M
I S N N V W T G O D M Z R X V U O O A
U C H Z X B W Y Y D K O V Y U W O U N
```

1. Hamilton
2. Mitt Romney
3. Titanic
4. French Fries
5. Tattooing
6. Saddam Hussein
7. Charlie Chaplin
8. Molasses
9. Peter the Great
10. Death Star

Page 75

```
L L E L O A W W V N A O Q H D Y M Y Z
F K M A H K O Z J G X S S M M M R I E
K R E N B L E E J E Y J K G B R C L P
X F Q D F J R D Z Y M Z M Q E H Y I P
X B C H X E E U O W T Y L E K P D E L
I S A E W U J L W C U A N T R P S P L
R L U G O C U S F E P E U Q O A I U I
L I O C S I B A N Y D I C B G A N H N
O O F P Q I W S A D F J Z V L T P E W
K J M D K M E P O F V I N S A C L O R
C C D Y Q I N R S P Q X R R B F R L S
Q O L A H X E O F S J M R Q O F Y W Y
V Y T S A N F R A N C I S C O O A N J
T K X T E S O L A R Z F O E G O K B G
P L U G O V V Y B A I L U P V P N Z A
D R M E E N L O V S O N D H T N W E U
L I P S N V C C G W C O N L I Y A D B
V T D Q Q U Q A P S W Q W C L G J V T
X U P L C U J E N E E M M R O V E O F
L T U C H X K F F D R P D F R A X Y J
M D P W Y E S Z K V Y S E O G C I H U
N E P N P K T T G W P V E W K G S C M
Z T K N C A D Y K R L K W Y D Z N H N
Y J M R M D I V C H I E Q H P R K K I
```

1. Solar
2. Zeppelin
3. Nabisco
4. Gene Roddenberry
5. Al Gore
6. PayPal
7. ZIP Code
8. San Francisco
9. Wolf Hall
10. Cotton Candy

Page 77

```
J D Z P E E S L A F E H U D C G G H M
S L J V I E B E L R V U X N E S Z R Q
J G M M B O S S Y V D L R G S K D Q Q
T Y W Z S K X L F Y Y S E T L B G X M
M W F A L S E B A A N K P H A M H Z D
D B W K U V M Y H F L G X C F W O A S
I K W H N M B M T T R S S X Q D J M S
M P A N B E F A L S E A E S P B Y F T
S X A U L G P I K B E Q I D V Q I K L
N Q Q L Q K J J M C A R G D B J Z N H
O X Q N T P D H A Z L B V H N Y W H K
C N L R X W I Q T J B C O S A P H C K
Y W U U H Q C M L V T U S P B G M H H
D E M H N D U X A N C U M J E A R J S
C D J G H Y A E U R T M J R T L N H V
V B A Z H B G U Q B E U R T D B N G C
U S V C U X C Z J O A U H E I P Z X X
M E W U N P R R M F K Y I Y P F A J Z
K T N Q G C G M D P N T H L G A A O G
K H W G S O U Q I V A X W D M V Q W R
J R T E N Q Z I Q P K K Q E E S B Z P
F R F D G Z N V N H G U M Z R D S V V
X T S H O D R F M Q B Y S Q Z O G G X
S D Y X T F C M I X H I R G G X X F U
```

1. True
2. False
3. False
4. False
5. True
6. True
7. True
8. False
9. False
10. False

Page 79

```
P C A T H Y Y F W H X P S S K V A L W
U Y Z A D V W V T N A K T A D K Z Z A
T P H P V C E N G N H R N R Q V P G S
Y R X A T D E C A X A Y E A A E Z H H
V V L C W E N M L W G M D H O D H P I
X C M E T B A S F J U T N P V R F S N
V O E F K P F L G S P M O A A T T L G
C Z I U A R U N O P D E P L S B L H T
L F U P Q G E X F Y G I S I Q X G F O
I J E N T A M M I O E J E N A T H H N
N R J S Y Z X J A Z D Y R Y G K U R P
S S R O H S H T X L J T R G Y V C K O
O I F O N Q S A N P E M O H E R X J S
F K X N T T Q K S B Y G C T Y C D K T
T U H V C X I O A P R I N S W C Y S P
R A G B P S E N V O D C T A B E X X E
M I X M Q P W I B R V F O G M N D C G
Y L L E K N Y G E M N K R O O S Z I K
W O S D C V F Y C T U K M P N W K Z G
I K G S C Q P D U H E I W D T X V P M
I W P F G B Y Y T H E W Q Y N V W F B
I E Y A S F K T K C C B R Z K L X J F
G X I Q J V B L I W K F Q I C G J V S
D X Z F F E W R Q V J E L W F A W N O
```

1. Panama Papers
2. Angela Merkel
3. *Washington Post*
4. Megyn Kelly
5. Fifteenth
6. PBS
7. First Gulf War
8. NSA
9. Correspondents'
10. Sarah Palin

Page 81

```
M Y O A P X W K Y L L C S A O O G W T
E U A F V T R G H U P O I V E F J D L
Z N B B K N J X T D W R B P K L B U T
H B Q L O J Z N Y S O F V J C E J Z F
Q R O Z A M X K H R U J T I Y U P H G
W A O I H D A E Y L A U X O O G Y L M
J B U D N N R N T J W Z N M L J L H M
V E M D G D G O A G D C X O N V K Q Y
H T R K T H X U W T E H Y G W Z K W K
J I K R S Q R U M N N L W O U G Q U L
O I R I Y F D I N Q E A J G W F W H O
V C O O U S F V Z L D K U Z D A E R W
Z L R I S A E C V F X C O G Z K K O P
Y N K C C H D I L H N W L P W I E P I
O G R N R L I S N W R Q A W S B G V Z
N L O J C G L M B F B U D L I G H T Z
B O F G Y Y G O A F E Z D T G F R V A
X N S M U G S F V J W L M R Y N E Q P
S Q K I A H G S F Y X F D U N O N S K
G W N Q B S D F K R E T M E M U R P Q
U P M E U U N R U R T B X U Q W I H K
D H N O I B I A R A U X I U Q G Y G K
K Y Z K I W I E T B X W Z H G Z J E U
E T Q Y F L D U W D J N P E U C T K H
```

1. Bud Light
2. Spoken Word Album
3. Hiroshima
4. Barry
5. Beyoncé
6. True
7. Jerry Seinfeld
8. Pizza
9. Bison
10. Guantanamo Bay

```
D D S N M S M T K B N J L E I E N S N
Q I W K A S H E A J O I X H K F N I H
T G A K L F H R D K M L F S P A E Y A
L A E N Q O B I Z U E H T M E T C Y R
J O V C A E F E P Q K I X I S A O D V
Z G R O D P Q L T A O L N N V B R A E
V K U W R I R X I K P O E Q H W T N Y
P E I I J J B I G L I T U J Y U B S P
M R I E N Z N V N W H A J T E O S W E
E R O O M N A L A C O D A K B W K L K
K M R B U R N S I L E U O D L E H R A
A I G K A C H L T U M F C U O W P E R
G P D R N Q Y S A R D V D A B J B X O
M U R T Z O M C D V Y C E U H Q D O Z
Q B B Y R T J W Z P X Y R A O U D X L
Q G V B X G N E D F X F T H B W P P U
W H Y E B Y G K W J W B P F L K O K O
B A E I W K T N M B E V L Q H D W A Q
S C R O O G E M C D U C K X G X D G Z
L I G N R Z J J J V A W L A I L O M X D
I W A J O K R K V J A G B M I I V G W
J C T R Y R X L S A Y F E X Y N G S Q
E I F Q T V Z G H B W A G V X H J R V
H G T V U O S M I T B Z O W M R Z O V
```

1. Diana Prince
2. Pokémon
3. Harvey Pekar
4. Scrooge McDuck
5. Roy Lichtenstein
6. Alan Moore
7. Mr. Burns
8. *Frozen*
9. *Li'l Folks*
10. Barbed Wire

```
U U N N R P C F N T S O M E Q Q Q G B
M M X F D R O T K R L G U P A M D I A
G V I V D D T P Q E O U S S R M D P P
C E R E T U D J G P K A E H K W B C J
C K D I H I S N O L Z Z E A B Y Y Z Z
C Y Q C O N A W I I P O D A R P R P E
T O X P R L E M Q E W L O K L R J U W
V U Z I E R T G K H P A R G O T O H P
G C R H P H F Y G H Y R S O U Z E J C
N X C L N F R Y P U V D A U O R R Y Y
R I A P L I U Y X O G X Y P V C I P R
M N M A U Q J E W C I I R O P D F I A
T A Z A H V S I Z E T N M B P V R L T
T H E B I G D I P P E R T M K J E L N
W D V O N I D K H J D G D I V E T G E
E W C D Q S F C F O V V I L L T A S M
Q W L Y B J D M S W M E R A D L W I E
E M D O N O T O H G T K H V T K I O L
H Z O Q Z C K I N V N C G B X V E S P
G O B H I T K Z J A E D Z H C F E P M
Z Q C H J F P P H N M Q L R R I L J O
C H T R M Z X L N F L C W J N Q C E C
Z O D F R J T I U E J P U Y Y N I Q D
G I T D X S B A Y Q L Q X M U G N N J
```

1. Power Plant
2. WaterFire
3. Pointillism
4. Photograph
5. Gothic
6. Complementary
7. Guggenheim
8. Musée d'Orsay
9. Michelangelo
10. The Big Dipper

BONUS: *Portrait of Madame X*
—The subject's décolletage sent shock waves through the Paris art scene.

Page 111

```
M V Y P U A F U S E K Q B M T C M H J
Y J K K P R C L A T T I Z F T D G A R
F S L Z Q E S G L N C E P I S Z C K Z
A K N I V P E R T F A O F M I A P F H
I T D T O O P Y E O P L F P P T Q M F
R F Q P H S A P O C A L Y P S E N O W
L U U B A R S W Y K L B E D H T T S R
A M N P S A E H G A X L X J B S I G C
D B L L C G R E Z A L E D E I O P F V
Y W V R B G N B T A T L A E N O B S U
N E P K A E T Y J E A N F J Y Z U I Z
K I S B N B C D V N N M R M T B J K I
R U N X I E S G O N C O W V A L L G L
J M A R F H Q D S I E G R Y Y S N N I
P D Z C V T C Z H V X D T S Y Q F E E
S S K H A M A B X U G I Q E M I M O H
N M M A A J G Q M J B Z R O M Z D J B
T G D R U M J Z S N C P W G P J A N X
I B D K N S M P Q K T C O Q G M Z A U
S U M L N L S M P D E Q M L R E X B E
A P O W P W K N A H X X T C A G W P J
C V F B K Y X Z W F M F N L M R V K E
N A H K A K A H C H Q R S V P G X T V
U R P X T H E W E Q P N J N W L A Q J
```

1. Banjo
2. A Cappella
3. Three Tenors
4. Bob Dylan
5. Audra McDonald
6. Feist
7. *The Beggar's Opera*
8. *Apocalypse Now*
9. Chaka Khan
10. *My Fair Lady*

Page 113

```
M C N Y H H D Q S S F C J R W G R B S
K Q J R A I V U O O R C E Q K C K Z A
O B E L M O Z G M M A N P O K M N C R
G C J L K F N M H G N T W A L E L R E
H P A U P Q Z V P U K R N Q K O V T V
C N A S Y U D W R J L R C X C V N Z I
H Q P S M B O E L Z I L C K S G X K R
A U Y N I G D C V L N E W C C I Q R N
X H P A F A O D D F D O H I V E M R O
I A O F L I A P X D R D K M J P N R S
M M I B R T A X O K O D U Y N N E M D
Y I E O K E U J O P O E J G B M Y Z U
S L A Y J O Q R X L S W H P U U B P H
I T V E P L A H M W E K E T U K J L W
M O G P G N B T T D V Q R G N C A P G
W N G S G A Q B I I E L O A E V Y D H
I K M E M Z R D K Z L X Z A K H D D H
P A H Q K F H O H R T N M A M A T T I
Z A S J L P Q U Q R O A X X F Z T K F
D Z O W J F N F L M D E Y K N V E O O
S J E U R I A H H E E P Y P T D V A A
Q H I B E D Q V U F F B U S S T E I T
A I N A V L Y S N A R T I R I N Z J U
Y P Y W O M F N O Z S K A M S Z Q U M
```

1. Transylvania
2. Krakatoa
3. *Hamilton*
4. Franklin D. Roosevelt
5. Uriah Heep
6. Hudson River
7. *The Odd Couple*
8. *Blade Runner*
9. *A Clockwork Orange*
10. *Amadeus*

Page 115

```
T A I R A T E R C E S H J Q S U D S N
G E E F V O Y Q O Q F I A E A M E R E
Y N K M F Y T Q L H D S C C C L H I R
W E J L W O O J W L L K M F N N G U U
C V J R P L X E I Z B P K I T D Z B A
T X I G A V D L Q R T J E Q L J E S L
D A J U E H L U Z K S D R M S F F B H
P T B G F W H L N T N R O V F D Y Z P
V E L W K A L T E O K V U T T T N V L
E X C C M Q Z V I S M P A Q H E L T A
G N A I Z H E Y A E R B C I A D M X R
Y W C B Z M O V O L K R K G I J L A M
P D G O A N Z Z R M F Z C B I A Z X P
D A R R X T A N A B K Y B Q J B D H Y
B G T W N P Y H M O N A L I S A G P E
I I D Y Z G N I N I N X W A D C Q H E
N Y N O T U R P D Z W T Q U Q C Y D E
I A Y Z D I J I N Z K X R E C F T A D
Z P O A Z V N W P U A Z Q T B H M Y B
S U N Y X W T A D L C L Y O I I X N I
P E H B A G H J F K K E C D K S U R K
L A Z Z Y F Y R I E V F X E C C G A D
O E C P D O V D R W Y H S L K O O N B
G B C R B S A J U N Y R T I Z Q Y D T
```

1. Jack Kerouac
2. *Mona Lisa*
3. Selfie
4. Steve Martin
5. Secretariat
6. Tina Fey
7. Keith Haring
8. Lena Dunham
9. Ralph Lauren
10. Ayn Rand

Page 117

```
P Z X G C O E E S V L O B B F G S Z X
E V C Q U C N Y R O A L O U V R E G E
T R I J A I U P S M H F Z C H V T T Y
M J N M L A N A U R A R L Q K C G M R
A O R E Q V N H B W M A B X U Q L J H
T Q D Y S G D T C L J N L S W N A H C
Z A L A E T W H Y K A Z H M J L S I D
M E Z L E J H J Y Y T K K O O R S Q B
B R E Q F G A E V E Z A G B Q C N R C
H S Q N D S W O M F G F L O I S S Z L
L L F R F F B Y E I G K K Y J K D H B
N K U U V C E K T L N A C F Y A Z V O
A R V S Q Z U H S P U G Z T E W N G V
L W D X P M L M P T K S W W J O N Z S
I O O L P X Z J J B H M C A W D M B N
U M T X T S A D P Y C Y J E Y J B J P
U J P I B T V V C V S N O O K F F E J
J E I E P G X K I M V A W E A T Y L A
P W K G I A A Q B K I Q L J L M T F U
D D J N I K C G C G C Z T J J Y H P O F
A W P V L G R S D D R J M W E U S C F
X X E B E Q K N U Q B W W T V U Z Y M
Z A J Z Q W N R K G P C O W U R O W Z
W W N P N V G S H C U O T Z O B E K M
```

1. I.M. Pei
2. Franz Kafka
3. Taj Mahal
4. Glass
5. Los Angeles
6. Jeff Koons
7. Ernest Hemingway
8. Louvre
9. U.S. Capitol
10. Madeline

Page 119

```
R N O R G Q X Y T I R P H H Y I P D P
K O O M H B F G V H C Z R Z L C G U O
R L B R B D S M L Z O A Y Q S T U J R
B I F E Y R M L Y F G K C O U H U J T
O N S Y R B E W R G N C S O M F V U M
I L C N S T D Q A B B I I P R B S J A
Q O L W K L B R U H B R A O I X U U N
O V J C A L S R O G C E Y A C K S E T
V G M C L K I W O L J M N Q H B U Z E
D J W F F A K F N W K I L U E P V A A
N S G R T O G D L R N L M E R G G L U
B R P X I B C P Y H I I Q E Z J L E Z
S K L A I M P O Y I I X N Q M N Q W R
X U G P V D D O Q Y L W F G B V A U L
L U U Y R U Q E D G B P Y A S L F O X
B K N S V V H H M V P Y F U T R C A U
A E E D T A Q R J R P J X W M G N Q W
L U T H F U K W E E O N H A H A M H K
L D C X I R H E E I Y I N O N M U J F
M A L S Y R T E O P T A A A N F T V F
H N R K P B F L H M F R B P E X W N G
L N E U Q R S G A B F W S G C B U G T
I P J W S O N N E T X H E G S J U C K
T J K I R Z T C D K D A K R H H Y H Z
```

1. Poetry Slam
2. Banana
3. Limerick
4. Skål
5. Robert Browning
6. Portmanteau
7. Sonnet
8. Walt Whitman
9. Ombré
10. Lord Byron

BONUS: *Les Fleur du Mal*
(*The Flowers of Evil*)

Page 121

```
R H A E E C O B S N J C O T F G P Z K
N K W C Y C C D O Q I C U Y B U W M A
I C H H U G A I Q I U R F G G W B M H
W E H N F F T E G U K C W A S I W U H
R X I F X A Q A P I R C L Y J L Z I Y
M I H G D F N H S D G H E R H L R T E
R L C N K T D H H B N J Y J I I O Y D
E G U M S B D X W V I A T V B A G P F
Y O L M S E B G P T V L R U H M E N B
F K H A L A G W J E J B E A M F R H R
M S O I L V Y G H Q V E H S W A G R V
C C G A B Q H O P V H W D A J U C W N
B H Y G C D N K N Q A E R G M L M H V
T N O S K C A J Y E L R I H S K R H V
X F O X H Q A V W I B O K K T N M W T
D M Q C I R P W H A X J X F Q E I T W
L A O T T F R E V L Y R F J M R W E P
F U F B D Y X H C O N Z R J Y G N V M
V L J D Y M V M M Q F V A A Q O I C T
P G L R D D W N C C R B N Z G H C A L
Y W Q V W H I K V O O D C F U Z H P B
B N V Y W E B C F O U P E M A C M I A
V O L T A I R E K T S L R H C O R F S
U A L J Z Z C S H Z H N Y K A N M H E
```

1. Mr. McGregor
2. Voltaire
3. France
4. *War and Peace*
5. Turkish Delight
6. William Faulkner
7. Moby Dick
8. Books
9. Shirley Jackson
10. *Foundation*

Page 123

```
U G B P S A P M M A Q H K M U N B Y U
W B W H P E P L I L C W K E G R M Y I
Q K G P J N I Z G C R U F K H N P R S
Q H B I S H T Z Q Y G C T I E I R A U
U S A S Y P J T E W G S N E V A R F R
O B P E Q T B O L T P X E H Z Z R I O
Y C W C Q H S V W O H H A T T E J F H
G K G H E I O B T F N E Y L S H J Z Z
R O S E T T A S T O N E D C I D C F F
W X S Z V H F N A R L Z O A B O K P P
N T H O R S F M E Q C W G N Y Z N W X
B G O J D U T L G H V F V C M Q J X Z
X V I Q E L H L V H T N T F K Q F U M
M V N O O T O I V Q D A F S U P C I J
Z D C R K U K C G E S W B R T J A S B
N R V T N R C N U A N Z H K E A S W W
S J T W I F Q E L U B O S A U N J N B
S L X J I W V G F D K N S A N Z L C M
B W B D O K T O D G O F B B I S K A A
Q M K E G Z M S O M U I E N M G K Y O
I B K U Y Q W G C V O L T M B B D P J
K I G A B O J I Q V S W R C U F U O Q
N C V Z A D H T L A N S W C S J B F A
C Y U E K A X U S S Y X J U Z Z Q O E
```

1. Nike
2. Thor
3. Nimbus
4. Horus
5. Lion
6. Fresco
7. Rosetta Stone
8. Ravens
9. Seize the Day
10. Athena

BONUS: 21—One is owned by the University of Texas at Austin, which was purchased in 1974 for $2.4 million.

Page 125

```
Z W N M V T Q J T U G Q U G G N P R L
Y Z A I K A K F M A V W G R Y G D E B
V S L I O Z N O G R J D S S B X X K N
O V C P B S T I Z T B I M Z K L U R G
L C Y U V J J F T Y A A M N E B J O G
G J Z X W Z D U N Y M I I U V U F Y S
R O X R C V W T Z A F W Y D H V O W C
M M F N C G K R B Q R A L E T U U E A
Q F S F P Y U O J B X E I U P K Q N L
I B J T R N K S I W D A U R B M R E B
P B P K I C A P U Q M Y S D J S H H X
E U N S A J M T X O M S W A K E H T G
P M U R T M A Y I J P Y L L B A Y U T
M R A N X E I S A L W I R N I N I W K
R B R C M L O Z E N O F S H N A O Y E
J A M E S B R A D Y I P R Z F V B G G
J W K D Z P Q Q F B C V O B D E C I I
Q A R H T A T X P R Q G G M A R E C D
M A H G N I N N U C L L I B S Y S H M
Z M I M X Z I M G A G R W C E O W T F
M K E E K F W U M S D B E S M M C D H
R K J V M W K O V L G N T B H H J W H
S A H Z W B U P V D D H L N I N S U Y
E F V G A R P J Y E P C U W Z V W Z G
```

1. Gonzo
2. James Brady
3. Barack Obama
4. Bill Cunningham
5. *Glamour*
6. *Vibe*
7. *Cosmopolitan*
8. Sean Avery
9. *The New Yorker*
10. *Vanity Fair*

Page 151

```
P J O A A L D R X S X R W C U O F E O
Q D I N Q U S X E D I G N S P A C V Y
D O Z X C F G R C N B C C W S Q E S G
V L Y T C R J A G M C J M W E T R J L
V Z W X W U A O R Z Y W H F W V O B H
Q W I H L M F N R A Q A N C H G N H O
L I C Q V F S O T L C F J S P B Y K W
O A V Y I I D T X H B I N U T L W S P
T K W R E N G L D F R S N I B O T U L
A U E K A V O L C A N O O V C Q Z Q I
T O M L Q K S F Z C S G Z U V J Y F G
V I E R F D W T K L P X I S M V C O D
H C E N A M G N I N R U B E O P V E V
I W I R D Z Q N B W P J V V U X H U B
X R A U R X K P U W H Z B C N Z O Q Q
X M G E Q A Q U M B A O S X T M H Q Z
R T P L U K D S A H W X Z N S M T Q K
K I F Z Y G X E I N A R E Z T A I G Y
T K E V N H G S L C I S H V H S Y E V
Y S V W T P J E P F I H B A E M H Z N
L Q T G N V G R N F U L D I L X J B O
Q B K J T C J Q V P A E Y K E T Q V N
X V J Q M O G H Z Z H F G D N W B E X
A M P W N V Z T A Y A J A O S T O M X
```

1. Vesuvius
2. Ring of Fire
3. Mount St. Helens
4. Burning Man
5. Iceland
6. Sicily
7. Volcano
8. Hawaii
9. Nicaragua
10. Tierra del Fuego

Page 153

```
N U G P O G G X F N X M T H G F U W T
A A K J Z B T Q A G D Z Y S V B N T D
I P D D H Q P T J C Y W F Z M X R E A
S F K R I Z S C O S T A R I C A N V G
S Z Q C O H A V C B X N B I B M M Z I
U Y Q R K J N Z T X V R P X A K S N K
R K J A R Q D V A C J W N R K O G R Y
Z E Z M B J O B Y S P V K O O K G I C
T A Y H C H R F G F C J C I R B W Z P
K A X M Q E R O R W L A E C L O L L Z
I L N R Q T A M C D N B B C F Y L Y U
Z G X Z A I J L E O R Y Y A M B M D I
C V X U A U Y J M F G K O C N H A I A
I P C Q A N H T Q M U Y N A M R E G Y
G B T F I O I Q P Y L X Q Y M X M A P
T N M X X W D A C G M L W I J U Y V X
I N D I A J A L Q U F U F L L T O T L
Y L Y V N A S G C W Q F D F L S K I N
K T H B Y C V Z M R S N O S B Q F Y Z
C F W T P S U V Y B O J B W E X N H U
L W S E J A O Z F W G S E C P O B M N
U P E Q H X H M E Z Z X Z X J J U Y C
C X W X B J Z M C F R R U R A V C P W
M N I W F K Q E U N C U O W K X B V K
```

1. Kazakhstan
2. Jordan
3. Russia
4. Andorra
5. India
6. Denmark
7. Germany
8. Tanzania
9. Monaco
10. Costa Rica

BONUS: Seven—Afghanistan, Pakistan, Kazakhstan, Kyrgyzstan, Tajikistan, Turkmenistan and Uzbekistan.

Page 155

```
N Q R S V W P R Z P E I M X S I X M Y
H I L D L O P A W R U I P E M B L X Q
K C R B C G W R N Q P V O X O X O A O
W H M U R N X T V G S W K P I J I E S
B I F E T G V Y Q I A T K C R D X D X
N U E D X F N I R I H E R B O N W Z N
O C V F L Z O F V I E F A B N K W X I
E N B X R M E D Q U W M M P E W C I V
H V R C A W A I U Z K A P A R T E P H
T W J P B V D M A O C M U W N M L Y O
N W E I T I R K C X R K S C T U L J D
A R C Q T T M Y R O M H X D I Z E G M
P I B E I Z J K H P S I S V Z R F H W
Q Y M H O S S V D M F Q H P I X R F R
R O K U P T R J T G E A Q J T R S I O
M V S Q V B G N W K B U C R T L I Q C
W N A N M A D O L Z G C C G G Z F Z G
X Z C P X I R O C J R O P X G I Y X F
V O D S Y S J D R M K M Q E V N M V S
W Z D M O C J J O J Y V B O P I E N V
J A K I T S U I V U S E V T N U O M S
Z T B A I A N A R N W W O P T I G N D
Y K N E S A M H A I N W U D D T S R U
C D G N M R H O M W O O G K P Z V J W
```

1. Mount Vesuvius
2. Greece
3. Pantheon
4. Petra
5. Nan Madol
6. Samhain
7. Cambodia
8. Shroud of Turin
9. Pangaea
10. Krampus

Page 157

```
E W W Q K W O V O D N L U A Y S Y H Z
O R T V L B C S N E V Z V K D M R Y L
W T O H Z T Y A I Z R S R N B D P O J
Z D Z P B Z L Z Y A W E C A B V H T B
V I O F A T V B I E O A O L A U U X K
R J R V O G M W N K N U F I B F A O D
B V O C Z A N N W A C V X R T Z Z D A
J M S F K M M I R J V X N S U F E U C
T H G S U B Q Y S T F Z D P B W T A H
T S T Z R Y I E T Q V K M M J Z N M G
X Z W K S S B L I C L U E K O A O Q T
I C Q I L N G J U H L K C H D Z O I N
S G X A C R O A T I A A T A X D H P T
T G N M X A L Z O Y H S N P X P B W V
Z D T L F K X C I H Y Y C Z D J G P S
S N M I T Z H H T F D M R B Z A K C U
E A I L A R T S U A J B I U R T T N M
U O N K J W N Z J P N R M I B K J I Z
T Z V Z T L E W N A A A E U Q P Z B N
J Q Y L N Q P P C G M E A E S O W D W
H R C Z Z Q O A A H H A W T Q C J R V
U L C U J M Z N L X Y V I Y G S O C B
N P S L D P J S V P M D Q C F X G B R
I D N I H L E X M C F G G T A V W L I
```

1. Canary Islands
2. Sri Lanka
3. Crimea
4. Croatia
5. Hindi
6. Canada
7. Australia
8. Singapore
9. Jamaica
10. Scotland

BONUS: Martha's Vineyard

Page 159

```
N G K N N M B R S E O A S I P Y Z N W
H I S Z F R P X B T W X I U L J S M A
H F N M E D C P K X V V Y K B C Z Z S
T Y Z P F Z C W S M B M D Z A W B K R
J G O H T H X V L U N U Z H N V I W A
H T K U E A F V R E I L E P T N O M W
D K W Z C Q K K U P V Z Z W A Z Y L B
T Y G I R Q I O B Q Z B E S P R V X S
L Y R P V N D O V E R I L L C G I U O
X F Z O A T C E U T F O N E M O R S G
A T D F Q O I C U G U K A G W F B E K
A H A P A O U E P L Q H H L Q P U W X
L S R E C O H X V E K S Y G U X T B H
O Z X P A O I Q C C P P L R D H R G T
R X I K D H H P Q V W Q O M Z J M N Q
H K C H N B C Y J O Q S Y O D O A V T
U F U H B U E D W N G L L V A W N A A
T S B C B B M W O H C F I T K Q J Y X
H G X A L X Z F F R M L Q G A L U F X
O L K C Z H Q H B T T U C X R M H X Z
H D W W M E Y C O W M Z S J L X R F V
E X Z M P T J Y X D J P A K X K T G N
F O G K B W I R C H N X H L F U Y Q I
J S G A A V X J F N F Q E S Q K W A T
```

1. Slovakia
2. Montpelier
3. Cuba
4. Dover
5. Paris
6. Dakar
7. Warsaw
8. Burkina Faso
9. Africa
10. Rome

BONUS: Austin and Boston—
They are the capitals of Texas
and Massachusetts, respectively.

Page 161

```
P L X Z G N X X O I P B E A N G M V M
Q E I K V E Y B N H E L Y A E N W T V
F C O E Y W R P Y O T E S Q U I E G I
I D B J G Y K E F T R H I Q L J S B C
P A A T F O T N A P V B X H I I C U O
U Z H V F R I E V I W I E Q I E I E N
N L G M O K S V L R T F Q H Z B T W C
S L A X S C I L A I I D B G T Z J F N
A Q C T X I E Q M Z K W D B C E H W L
B T Z S R T Y Q H O Q U J C P G P O A
E X G B T Y J U D X I A K A N K E Z X
B Y P K N V R M U Q L U R H K R Q F K
I U R O O I Q X Y Z M I N E J L O Q W
T N L N N Y W H K F S R I Z N Z Z T J
F K J Y K C V F S B J S G R C B Y Q H
A T T U C L A C M Y C T Q B F L T N T
J U C A S F G I V Q W E O B G J B F S
I I J E S B J U F W G M M G P G C A A Z
X R C Z V T C G O A J G H S Y T C M D
B Y E P E E J Q G I D S M O J F J S P
S O L Y G K N V G D U M L V H U U I O
C H I C A G O I B W B S T O D T M C O
M L D D B Y F L C V A S T N T W Z B T
E C T W Q S Z Z E E I S Q L Q X J M E
```

1. Venice
2. Calcutta
3. The Bronx
4. Dubai
5. Beijing
6. New York City
7. Nashville
8. Seattle
9. Chicago
10. Paris

BONUS: Amsterdam

Page 163

```
M L E Y V O Q G Z J Z U P U I U B W F
V P A N T D Q H V A G S Y Q U E L B N
Q P Z T F L V I R Y H M B U R R N N H
Y P A T F P U T C Q D A A L H E E E E
N G I Y J W A T X A L P I X V C V A L
M X R C N C S G S H O N Z U B J P B D
Q I E H L C D T Y E W Y A V U J B C A
S Z M A H E T I S A O I J N W D S G J
U M B I Z C E Z L A Q C R A M A D A N
E D N Y T N G L Y L L X I D I G O D R
M A G G G E J B P Y I E O T F B I R W
Q L Z G S R R G E Q X B M H R K N Y S
Y L Q N C O R F A I J Y M K S O P O J
P T D V Z L Q O S O Z H V L M K P V N
C M D C H F I N T K A M K H H F U G C
V E T T S G Q F E H W Y W S P Z L D C
N F A A G N U E R U H S S I G D V H Y
S L O E F K I X I H W E X R R H H N H
Z S E Z K E V Z S Q A Y D Y Z L S H V
J O B Z X I C K L J A Z X Q B O O X A
R J J G E G O I A H H Q V Y C A M T O
I O U W M I C M N D X A Y G K D F C F
A W G N V G C J D N V K J W B I I H D
D A R G O R T E P I S E L U N L T N H
```

1. Florence
2. Salem
3. Petrograd
4. Ramadan
5. Zaire
6. Berlin Wall
7. Porticoes
8. China
9. Easter Island
10. Alcatraz

BONUS: Little Rock, Arkansas—
The Bill and Hillary Clinton
National Airport

Page 165

```
N Z D S Y V U Q A W Z A L S K Q V Y C
A D I R O L F E K I I E A P H K D N L
N E J K P M A M S N S X X Y N S P B X
P C H L W B I K A C E W L O G U R A Q
T N M O G S P V L T T H R T I V J B O
W O T S S X L A A U T W L Z V O N M P
X Y D O E Y X X K W H S P W A Q W G K
A C U H S G X P X H G E M Y H L X E T
H R N N T V E S W X C Q B L I R F K E
I I N I N V G G Z I O D C V V G A K N
B E W U R V L C T B D B K P F D L V N
P M A I N E R O O Z B W H Y W P A C E
O Z N T X M O H U T X Q G O R B Z N S
V B X A N N J Z D I J O M W U T A D S
C A L I F O R N I A S P N Y Q H A Z E
G X J V J Q M E O V N I S Q Y L S S E
O E B K U Z F R G R J F A E G U U B T
C V N D W U Y Y E E W Z F N L Z Y T V
E T S L G W G F V V V T V D A S U V U
X Y G E I K C J Q Y M L V H U R D R Z
G B L O D P E I I C Y O B S V R O W R
T Z F B L K N R K J H S O K Y S W Y D
O F Q I S S J P U D H R I N L J R F D
D L D A U W B Z S Q M B C X J I Q P Q
```

1. Texas
2. Alaska
3. Missouri
4. Louisiana
5. Pennsylvania
6. Tennessee
7. California
8. Florida
9. Maine
10. Vermont

BONUS: Six—North Dakota,
South Dakota, Nebraska, Kansas,
Oklahoma and Texas

Page 167

```
C B U Q M U K U L M F B R K K F P L N
D A U U Y A G L A Z A A E G W Z S M D
K C D A W L M R M S M X B V J S W B I
Z Z I U W K D C Z H O R O J Y K B P G
R X J N M I S N K B N R T K Y N W U I
B K V M G B F C S K F E C L T B L L M
A J M R B G O U E O G M O A I O I R Z
P D A S X T C F F M H Y B B W U B T T
F S S B N J I Y Y B H E A V K S H E I
C F E O A K R N I M R E F N A S O Y N
P I R N M B D V M J H F F W Z T L X C
Q O D C U B P N Z E J K M T V T I J M
T R G Z K R C C K B F E Z Y T E N F N
T G K J B D S Z Q F B C Y O Q A Q L E
M U L L E T M I N R S E D U B P P N W
U Z T E P J L V T A Q E D K I W Z L Y
Y E Z D A V Q K U Y J G O L S B G F O
G I V P Q X T D F U I V E T D U H P R
O A T W R F J O J B H O E J A I V H K
L B R A W S T P M A P F H Y G M K S C
U I L L C N P K C A A T N O F V O M I
Q I R R I Z S K Z V J K G H H B M T T
J D P Z U C G G D I X Q B I Q M W L Y
A I T S O V V S A E U F U O A U N D Y
```

1. Holi
2. Mullet
3. Mardi Gras
4. New York City
5. Garlic
6. October
7. Mud
8. San Fermin
9. Tomatoes
10. Toronto

Page 169

```
Y Y I D S Y D W D F P Z V H X A L I D
Q T W P C Q N E S U R P Y C I L M A L
K U I Q B M A Z N B C Q Q S U D F N W
B Y S C F H L R S M G H Y M G O Y C B
P Q U U N A T U O M A A S O J F M W W
N D I L D A O K I D L R G S F S A W K
L E P V P T C V M A N Q K W G F Q J J
I G T U S N S I M F Y O Y B D T Z Q Q
W W R Q U S L S T R Z L C C S A Z D K
T U F E O P Y Z K A P A I A J Q D A X
K R D R A A J U A S V P R M U U C K C
Y S N R H D Z O W P I E E J F O P M K
M P R L U W E X B E D N L L M D V D N
Z O P V L K X J M I H H A B D T L D F
T N I I P V E O X F R P N N P U I E I
V T M U S X A N P A L W D S H B K M H
L E B A N O N I V S J B E I P J H C N
J F S T S I E C P I K S Y U Y V W O C
F L W H L O K P C C Q Q E O M O Z O J
M C Z A X Q Z G T V P H H P J V M W H
D P O B K D G O M P Y K Q F Y B V G I
A A V H D V F A M K Y R E P N O S K E
W I K Z E Q Z C R T C O H K Y U H J N
B Z E L K W D E N Q M K M A T Q V G R
```

1. Parrot
2. Nepal
3. Lebanon
4. Vatican City
5. Denmark
6. Ireland
7. Cyprus
8. Condor
9. Scotland
10. Malaysia

BONUS: Bulgaria, Equatorial Guinea, Hungary, Iran, Kuwait, Oman, Tajikistan, Suriname

Page 195

```
J N V B N L G B R B Y K D L N W M J I
S A F W D N T A O D A T A E X D F L L
I O V A I S F T U O I W W V N L T V Y
E X O R I M T W Y E E F H A E U W G V
U E R R T R T O S L O P Q W B A W C Z
S U W Y A D F I R U Y P X I C E L Z R
P O R N D Y D P N H C A O R K C O C E
Y Y H Z M E A D P Q I E J R K Q J S T
H K B H V Q L I O X Z S L L Z J V P T
A Y H U S A A K O D Q U D N J E G O O
K B B C N I E T B W Q H Y H O G H S A
Z F C D S E F D W V S G R I S X V M E
M B H W J N X D B S Z J M I V Z N Z S
O V B I E M X R A J W B W B U S X D
Z W P Z W H H F V O E Y E Y D S K F N
Y Q B O G S Y T Q Y W C A U T F D C E
H B F N P T U C A E L S O U R U E D I
C N K W X I M A R L I N L M Z R E I L
H J X L H X O A H A B G X N U M D O Y
P H X O U U F M W U S Z S A S F Q M X
G Y M J D R L W R O P J I S F S F T P
M A D T O H H K A P L F F Z Z R J U F
J H E X G E O P H L Y F O O I G P R Y
B Q D A T F U F T K P V G M F W U B X
```

1. Cockroach
2. Marlin
3. Purring
4. Wolf
5. Dog
6. Pup
7. Eye
8. Newfoundland
9. Sea Otter
10. Swordfish

BONUS: Dolly

Page 197

```
G J R X A P T L H L J K D Q W Y K K B
E V J R A J M G A L S U H G T K M S T
K O R M V A I E P K M K I M I H I N H
F O H V K X S U M V Y A E J N Y X M M
Q J K V I L H R B A N N Y U O P T R X
B L K X A O Q T U F I M G X R G R U C
I K L F G B A L C J C E G X F T U S H
F Z O F R R O I E D B E K N J C E G C
H A P J L S F U Z Q L E U R T J A T A
F A L S E H R Z F E V A M L F T Z I S
C S Z S O T P F N S S S E W H O L F E
P L D C E B Q Y T L T E M C G U M B Y
H K E F V W Z R C A U P S D B M X G B
A A T B N G U Y A F L K G Z X W H U X
A U Y C U E R X L L Y N R U C S H J I
N S B T S C O X Y J M I Q R T G U Q T
V W N B C H N J J J H Q D E V K W C Y J
K Q F G R A P Y P T H F Z F E A H I G
A Y R J D K A H Q H Q A F R F C O W B
R A E E G O D E D V V S V X O Z V R V
R U B G U M B F J Q F H Q L J J E T P
M U G I N A A B P J G R E S H R A R X
I S S U C W K I W K U F H G C Z C U Y
K H A D M G U W I Y N V L B W S E Z Y
```

1. True
2. True
3. True
4. True
5. False
6. False
7. True
8. False
9. True
10. False

Page 199

```
S Q P U P T N M U S A U R R K Y I R W
N A O Z U R R A H U D P U Z T I G T C
A O L U U P U P O P A Y K P R H B X H
N G X L M O T N E W A O V M C Q I E W
R G F N Y Z A T I S T S C J S B T O V
E T O P T R S H T O E Y I Q Q X J M F
C T I J R J I R L T I G T P I F A I G
E G S Q E G O D I U S O Q X J I C B W
N M W I S L I H E N E E F Z I P T B F
E F M K A O W K G K V C Y G U S Y L K
G W Y B N X D E F W J O W T O Q E A A
U O E K O B E U B Z E L D A Y N B C C
E Z R H G E F I H P P Q I A O D T K W
U T Q M M I B D E P H G O O G C X H S
Y Y Z U Z K C D C X I Q W K Q H I O R
V T E Y D A C B I B L T Y H M K S L H
Y Z F F X Z W O J K E N D C X Y K E C
T B X A X B Y H F E A O D D O S X K Z
S Y I L M E M O R Y F O A M B F X O E
Q P Z U J Y T H I L U C P T Q N U C B
Y P R S I U T N H J S S W O P E P K I
H I A G N X U R E I N X S K M K Z P H
N O O M E U L B H Y B E B O Y N J Y A
S M R P W Q O J P P K X Y U F G R N Q
```

1. White
2. Saturn
3. Sally Ride
4. Blue Moon
5. Memory Foam
6. Three-Two-One
7. Blackhole
8. Sixty-Two
9. Astrolabe
10. Eugene Cernan

BONUS: X-15

Page 201

```
F T G H B Y O C R U G E J I B X M Z W
L O N P E B D N S K N S E M V N M A X
S X R B C H B A D I A P F W H X W O B
Z T Z D Y K I M G S T Y F Y O V D D U
Y N Y Y M R E N Z K S J B G U S T Y L
U Q H P W O E X Q G U C E Q A B M C O
V Q E A Y M D A I U M P Z B Q B U V R
Z N Y Y A X U E R R D H O B Y C R M K
O S R E X B C O L V R T S U G O Q I X
U I T K R Y W P M T O I F K R R D T A
E S M N J E H O C O F F N O M E Q X U
Y F O W U K G I B A H D U B A Z Z U R
L H V T S V A R K S D Q E X G L K L K
B J D P X Z G S A O L W A M M S X V O
D T T N N H O J O H U M J E B Q M N D
Z T H U V E A O O Y C E Y H P X X F R
L J X N X P N Y I H V X O P D I K P E M
L E L E C T R I C C A R B E O J F Y H
I W M K C R B Z U L H V P R D K H F T
K A A M T M G D E L G S Q O U N J W Q
H L U R Z Z J O R H T S O W N T D E M
J S L S T S F J E N W O K Q J U A B I
H J R S S N B H B Q O R T O K O Y P L
D K S S V G T M F Z Y S G D Z G R S X
```

1. Ford Model T
2. Ford Mustang
3. Steam Engine
4. Turbocharger
5. Airbag
6. Zero
7. Jeff Bezos
8. U.S. Airways
9. Abu Dhabi
10. Electric Car

BONUS: $850

Page 203

```
C P W B V E F C X B U Z D Y H Y W W J
M L B L R M B P E Z L X Y Q W J I J E
B O N E M I L L I O N A N I O C T I B
U Z B B U S T Y H O L W C B A Z Y B K
N U D C V C K V C K E Y B K D X E J R
S L M Z L L R D R E Z J L I B N W P E
N K D H W G A M A U Y V X H N E B O M
A R L W L J E V O K K K D S D I R N S
P B W W T A I W X H G D I O E I F R W
C Q B R T L M J A W V S G R G D Z U Y
H E R W U J U J A Y N F P Y R T F P N
A A I U O H S S O Q U A E H W Z Z F E
T F D F B D T Z G N H C R E L H A M Y
F P E V S A R G W A V V H Q N K C X V
K M O Q N G B O P Y E H M K Q Q N E T
D N Z F F N I P L V Q K T C T M G M Z
Y W O H Y F C F S Q K N U A W O Y B O
H R R D K S U Y Y P B V O R S I X R F
D H O J C V S S U X J J I Z E B B N C
Z G Z Q Y C N E C K P B E E A J V C F
M D J Y R S L Q E R N U P Y I M T Z E
O O G P A E O K T W H E M R E U A H P
K F S M M Z T O U P M A X H Q W R E Q
F A I T L S J Q B I H W N R K D F L R
```

1. Snapchat
2. Bitcoin
3. One Million
4. Six
5. Stanford
6. Uber
7. Amazon
8. BlackBerry
9. Archie
10. GIF

BONUS: $666.66

Page 205

```
Z U I N R E B S T W N H Q R Q Y W N R
R J V M Y P Y P N I M D A V T O O D F
U F U M A E R C E C I G G X U I D W E
C D E L P X O T X G U Z D R T K N X O
L T U R I A J D H S O A Q A O M F I W
V O R Q B A B T B D G H Z P E N D P Z
M B R Q S X C M T M L I G F B A J X H
A C D T P D S H T P R R O T G E H G L
E T P J N T I F I U U V D A B B I X D
T J W E F A M A E L K R D P O Y X L Q
Q Z H D E N L T O P D C L R O O Z F D
Y P Q Q O T S I U I G W S W K S J P I
Y J A E K A A F C A N R P J J R A Y J
Q N N Q P G F V O X I G Q Y Q I S E Y
N W P J I E H X Z L O U O V F X T S R
C Y G F R G D R D F J A A E T K C N N
S O I F W O Q O B L X F U G B E A N R
N W I S H G U S I J D U Y E G N R H O
V S M H P Z R V S N I D K T A M I E R
H V N Z N W T Q V L Y W J A C N Z C C
C H A R L E S D A R W I N B D I Q Z L
W T Q S Q X C X O V K A N L O R Q L S
Q U B T C B N U Y V L P H E Y C S S M
D Y E V D B R B T U K M V S W I K D S
```

1. Pasteurization
2. Julia Child
3. Charles Darwin
4. Ice Cream
5. Sugar
6. Vegetables
7. Cilantro
8. Bean
9. Pufferfish
10. Soybean

Page 207

```
W P E Z T C S X B L E E N J L E H E S
A B W W G O L B V K X S L J W M O H N
S H E F B L I O S I S E U E E K T B B
C E J E R A E W R E D N U N C Q D T M
T W T G V U Q Y L A K G X O U I O B Z
L D T B B D M F S Q V G L H B T G D O
U F G D L B I M K C Y B N P O D N W K
I I O B D E S E I K N C W Y X Z P Y D
Z Q Q U S D D W J U C P O A F Q S E O
L F G T Z O S J S X Z C O P T L Y N S
N J I K M X C V S C N A Z A L F V L R
M C J X D Q P Q D J Q E U T N O Y A A
K N Z J T F I G Q A S W N M F T Z W Z
W P N T Q H V F O W F V V D N U H U Q
L R Z F O B W U J L A O C H Z F U N U
M Z G E V B Q P G Q Q S P N C N L S T
H A Q E R K Q Z Y G C W P T P X H B K
W M I A U E P L A Y D O H I S I M K A
Y A W S U X E C P T P P S W R Z K L M
B M L Q E L Z D N X P Y T G R I P G G
E V S W U V L T N C D Y H P R K N U T
I K D P I G M I H H B D I K L C K R J
I C S D Q N N U S G O Q S I O P J W V
O L B H D C D Z O S Y J X C N N M R V
```

1. Underwear
2. Pay Phone
3. John Deere
4. Selfie Stick
5. Play-Doh
6. Aspirin
7. Tweet
8. Sunblock
9. Blog
10. Hot Dog

Page 209

```
I S N Z F G N C E N Q O H J J Z W S M
G F E N A J I O K O E P G H E X X B V
X C A O W R R A Y X T M N A O I R M M
T Y M P E O O B M A B E A M U R X E C
Y V K M D A F F O D I L L T P H M T T
A Y R C E C W C J G E X S T S D H O O
A U Q S C I N O P O R D Y H S W B M B
T A H I Z M I D B V X S R J K I Z A R
E Z R U M D F O M S D C D Z Q P M T O
C M T H Q Y L D N G X B G B W I D O J
D D C P J C M V A L C M Q X V C M M D
L C T Y X T N X S L J Y D V M B L F S
L K U H U J M S K H U E X C T N R U X
M X N C I Q L T R V F J F C W G G L W
L N L H M G G S G Y M V A G R B H W X
R V I F F T P I W G M F U B V V H B V
F B Z A O M N B T E E P L V K K Q R U
T E A Q S K Y G S T D F C D S W C P E
D L R I G B U Y Q U R E E U G P P Z O
P L B O M H B H H Z S G N W X F I E U
M X U I Y O R I J I R Q N U U A M V F
J Y Y J A B Y L U V P Q S P M N Y U T N
V Q Y B Z Y W W D D R M K I I D X V E
V J W W R J N L M H X Y N E Q R P G P
```

1. Turmeric
2. Mistletoe
3. Daffodil
4. Sweden
5. Hydroponics
6. Tomato
7. Ginkgo
8. Bamboo
9. Brazil Nut
10. Stamen

BONUS: Rhubarb

Page 211

```
W L L W J W U Q O B Z Z L T M H N P E
I S P S D B N R J H T J K U E L T G G Q
F X L B X X A E S Q C W L M R G Y V P
W F R I Z N B V Z X E N I H T K R Q S
X Y F M G E R N F G O W X Q P L Y A Z
T O U U G U D A W S C X S U A Q Q E T
C A T S E M Z U I I D R W T R X N H X
L A F N S Z A D I B Z F J I L S J Y U
N H S E H J E Z A D Y E D V I H W O Q
R R Q T W S P I T B R H A M A T Z X V
H I F J A N E G O O D A L L M O C G D
T A V M S I L A S Y R H C R E L O D E
R N O E W X B S G H P B L A N S O X X
Y H G Y D U P N K D J A U I T Q R U Z
T C I Y J E Q V B D B L U M U M N G W
G M U H J G S M M C G C C E S Y Y P V
O I Z E K P X A E B W T F N X L R T S
W H O S E W O R D O D R S F W T Q Q M
I S G J W Y H E U E K L M Q S N R M H
A A F Y X W I V V N S D H T C V J U T
Z R E H Q C B N M H P T G Q A M L B E
U G G U P B H G L B F I Z D X U I F L
Y T N B R Y C K Q G R C Q Q U I K E A
E L N R O M B N Z P R X F D S C F R W
```

1. Jane Goodall
2. Raft
3. Spit
4. Target
5. Sloths
6. Orangutan
7. Chrysalis
8. Thomas Edison
9. Parliament
10. True

BONUS: Five decades

Page 213

```
T Q S H F V N U G Q Y M P J M K J M M
D Y I G A E L T G O I E U O O R K S G
I P Z E R K H N G C H N M D N E C Z V
Y G J D Y X U C S V K F R N T A E T Q
M W P G A Z W C O T K H Y D R G F C Z
M E T O Q B X I Y G Y L Y B E J R M N
W A R P P S E R X Q X X O Z A H R S O
Y V N C A O I S Y N O N X P L V Y C F
R L T H U K C P I S F C X T P Q G E X
J M G R A R N B W O Y I H V R B C U T
L Q O T Y T Y Z O H O U E T O G D T A
Y F D M C K T T D O I H L Y T A F C H
G U W R F I P A I E H V I G O M K X B
O G S K Q R Q N N J R Q U D C N Z I R
L L Y N I G L O X P X D M K O I M O M
O H G N R L R T Y O R W N M L I B X B
M S T V B T L E D I X O S U O R T I N
S G H Q C Y E O X G J T J A H Y H M V
I Z W E O H Y D R O G E N E H E W B D
E M L K D Y Z K W S C F I Z C R N O H
S E F A V W W E F H C H Q Y L T I O L
W V C R B W H I O I E B K Y D C Y L O
K M S G Y C L T M P W B J A Q N Q F I
G P K S G G Q S L I V I K H L X R Z J
```

1. Carbon Footprint
2. Manhattan Project
3. Electron
4. Mercury
5. One Hundred
6. Nitrous Oxide
7. Seismology
8. Montreal Protocol
9. Helium
10. Hydrogen

Page 239

```
R B O R D G I G T I P B S V J J M V N
I F R I E H I P E C Z U T O B S G F C
C Q X U M L U G A I T N H P D Y A Y Q
H L D Q C L L M R T F N V L M K S H Z
A A I I R E N I Y X N N O I R Z Y X T
R N C X B E J E M Y Q N S M Q T P J K
D X A K W Z K E G L Y Z J U B E E D Y
S D Y T X O E O N E Y R K E C R N U W
H T O L O D L N R N X R G F T G N X J
E N Q R D D D K J R E P E K Q E Y V N
R U M O B Z R X V M H R Z H X N T U F
M R K E P A U E R S Y N L L C Y O Y D
A D R A M N S M W T I F I R Q A L B T
N G A B B Y D O U G L A S T O W E B O
Z C C U R J P R H Z N S R O V V R I Q
T X C S Q H C N B X V R Y N N M F Y V
Z L Z S L Y H Q P A N U W L X W C H V
A F W X T L A A P K T Z N F T C A N R
C C K E N A M E R O F E G R O E G L R
Z P T I R R J E J N O V A W N Z Q U W
C E C K Z X T C I C W C U S G I U O J
I J Q B V H P A J N T I L T A Z J J G
G D Q W P U X R L P M Y W B K R M Q M
I Z A Y M K Q U Y Z H Z E E E G V X Z
```

1. Cheryl Miller
2. Richard Sherman
3. Wayne Gretzky
4. Bruce Jenner
5. Mark Reynolds
6. Johnny Goldberg
7. Gabby Douglas
8. Penny Toler
9. Cam Newton
10. George Foreman

BONUS: Swimming

Page 241

```
F F C W Z R G O R U Y U K Q M S G C I
B O A F M N Q R Y V Z J W B D L S Y T
V K N X H K M I L A T P O N X H G S K
K M D L Y J L R I E K X E Q D V J S O
I H Y W I I G D J D Q I E O B P R Z G
T L K L E O K I U Y R N N R V B B W F
A Y I F I J D P J F Q K F T D Y S K X
P I N Z D T J N H Y E R T U X H T G G
J F G X M J T T E Y K F G C G P M R F
F Q D I X E I L K T M V T Z Q Z X B W
F M O R J W X O E C N D H I H E Q L Y
M F M M S X N S C P Y I B O P I T C Q
G B M D L G C C V J O W N G B S V Q N
X V R L A U C R H O N N R S G T H H G
U O E U M A D I B C Z X Y E H Q L L E
W F A Y K T Y F D Q U Z P E L K I H T
B X B B K A I Q W L W K X T B P E R I
D T Q M L S I D O D J J C W G S N M W
X Y O P S M C N E T I H W S R M O V M
J B S D W J U Y S M W V X P W F M D C
W O S G C A D S U Z L J F Y F L E E R
C B V O C N R P P F Z T I C T M K X Y
H R G L O X W A A G W G T C G L O O Q
M R P O T A T O H E A D Z N P Y P Z A
```

1. Mrs. White
2. Nintendo
3. Mr. Potato Head
4. *Donkey Kong*
5. Bop It
6. My Little Pony
7. Candy Kingdom
8. *Words With Friends*
9. *Pokémon*
10. Cosplay

BONUS: *Dungeons & Dragons*

Page 243

```
P X H G G C X H T T J U A I Z B V B R
W F S N B Q S Y V Q H S A O C P W V W
U X B N D Z R L G R Y V V B U Q N L F
Q W R Z L L H H F I K Y J T N Q Q G N
O G O I F N J H M P V F Z K P N Q B Z
N L H K D S G D G W E A R E M E H P E
C N S T I N J U E F F V J B V C N B Y
Q R T Q I L S J T J I R T Q U J X Y W
K F R H A X P Y H A S P E O Y Y M P W
I G S O F E N C I N G O K Y X X R M H
F I I X Y N I K Z V E K C J E S K Z S
F A J B S A N M C P Q E I O N P A G A
T V B P G I L D P B Q M R W I Q F S I
I I F R T V R F Z V M O C Q B G N R L
I E F T I V C O L L L N A M U F U K S
N W I S L C Q Q H U G G N F A W O X X
J N R W S M V B Q Q S O Z W S W B O A
G H G B Q O G W O C G H H K L R T E C
G P A M N V R M D Q O G C H H H L A X
I D U C J D R C H T P W H C O B U X U
U N Z U J H M E U Q A F Z E Z R N B I
Y B P H H Q K R L V G B L F X T U H O
I Q I Y Z M S L W X L O T R Y R W F A
Y C W C L I C X V D H A U O E A E M K
```

1. Cricket
2. Fabric
3. Royal Flush
4. Sails
5. Knitting
6. Fishing
7. Ephemera
8. CrossFit
9. *Pokémon Go*
10. Fencing

BONUS: Garrison Keillor

Page 245

```
S R J Z M P N A B D F G D E G X Z V Q
V O L F M M Y H Q B R L T G K B T Y Y
P Q R W T Y U C G A C S N R E S B G J
M R U R T L P T N V O S U J Q M B F I
C N B I A S E D Z C I U V O G F F Q M
J L A J S G S O A Q C I M R P B D N U
E C U E D L D L J O H N M C E N R O E
N I W G A S E N A V T R W M N J T E L
Y S N M O N I F A C A A M I H V G S G
B S W H E K B L X L O U E A D K A B A
Z A Z R U E N S B Q O V L M C C C B M
R G J Q Y D U V Y E C R B F C B T O H
Y A W D C F B R P U E J O N Z A W B M
H E W X P I C M T G F E U M X S L J G
V R Z O L B V M N O N C R X Z V P K X
W D F K K G T C V W R Q N G Z P Z B I
L N G I Q O R R W D I P E N C O D P A
T A G J I F Z H T R Q M L Z U U O D F
C Y E V O C U G U C O P B B V F M X T
F L O O O E I T X N F M X L L A Q S E
M M X X R Y M K V W F E C V E M Z T Y
F Q M W I Q P H B X R N C Y Q D W Y C
D I A P U N Q T R X O X O Q N V O M W
B T M S X D R J R D G K N X C O C N J
```

1. Wimbledon
2. True
3. Andre Agassi
4. Roland-Garros
5. Melbourne
6. René Lacoste
7. Deuce
8. Grand Slam
9. John McEnroe
10. Cow

BONUS: Bobby Riggs and
Billie Jean King

Page 247

```
T L C E S I C R E Z Z A J S S P V M J
A Y O P W C K O J V T L A T K X C V C
N P U Y K F D F M N P L E Q R U M B A
G Y N J T K E G M C S P N B X V U C K
O O T C W H V Z O A A I N R I U E S I
Q H R T K Y W R U E Q N W C K K V P Y
T A Y U M J X B R F T G U P Y W Q I E
E Y M W I N Q O D Z I A N K W K X A V
F J U B S C B Y S K U R M T C A C B V
B M S B V I A Z R G M H P W D D B Z Q
F G I E C X L D U R O F G G Y Z I X N
Z J C S S K E R Q M E I U G A E H Q E
U N T Y O B Z W T Y B P X Q Y E D J T
B S E I C O U Y N X H A Y K N Y C F L
C K L O L U V B J J X K P T F C U Y U
R A E O J R U V A O V T H I A O F J K
X Q V E E G V A B O Y L T S F K O B I
X Z I P U T G S T E G O A G Q D A O A
H O S Z X O I H N M P R E G B S C O N
T C I N P P J M W S S L D J B F M L O
V S O A O Y G W T I M I F O F E T A U
R M N G H E P J T N O X F B H U L V W
Q F U I G S S S H I S I O M V N W A Z
I A J X P C P Z J X B I L W V D C X Y
```

1. Rumba
2. Zumba
3. Spotify
4. Tango
5. Salsa
6. Katy Perry
7. Step Aerobics
8. Vuvuzela
9. Jazzercise
10. Country Music Television

Page 249

```
W L G E I H X B A D I O X M C W O I I
G N A S C A R C Z V R V P Y A J J J S
K E J N O A I J X U W B C I E H L O O
O X J L T R R F L W D L T K D A B Z K
I B R A E E B E P C O Q I Q S L S K S
X I O M G K R Q S C J B X J F P S T X
F B A M W J V N R R E W U N V Q K B J
X H U F K W B O E C O R H P X B S S L
F F R Q N R S L N R I H Z D O F P S X
N B J D Q S P E L Z O Z D H J J R X Y
H Y F Z T H R F C D V U R X N T Y D Y
D Y T I R E R T F X P K G D U O P Z A
F Y I X F D U Y T P P H W E L B Z F G
W W G N Y L L A R R A K A D T G U E Q
H K O H Q M K V P F P I H M R V C A A
Q C B H R H M C I N G B O X A A K I F
N V N I F B M X I G J A Z E M S H W E
B O S T O N M A R A T H O N A G L H F
D V C K G U P W E U Y D A R R N N D B
V U D C T Y I U E M G U G F A Q P L L
T A Y T M U W I U E H B S G T I M I W
I B F W P P X X I G T A I M H Z G W S
N V S X I S I L V G C H W G O W B S S
V E S X R O Y J B L L M B N N C E H D
```

1. Horse Race
2. Conference Bike
3. Cyclo-cross
4. Lanterne Rouge
5. *America*
6. Dakar Rally
7. Boston Marathon
8. NASCAR
9. Abu Dhabi
10. Ultramarathon

BONUS: 400 meters

Page 251

```
I L H S L K P H O U G A D Z A G B W T
I G E H K F Z A V X N K P W M Q Y U C
A L T G U T X N P T I G R V Q E X N S
L Y N S K A A G P C D D D W T G U I F
G O P U H P S I C X R T T R D E B F S
J D U U U V U N A P A X A A N N E T H
V Z O F G W D G I L O B S R Q F A J X
O T G H E I D T H R B Z V P E S J D J
X N L E G R N E T S E Q T P Z O R Z L
O D K S G Y R N M A T N E V E D Q O I
L I A R T N A I H C A L A P P A U M D
Z K Y U Z U I Z G I K F J Y W G Y P H
W H S R V D E F G N S J T S E N S Y R
P U W Q S Q Y E R T O N D H C O I A T
G W B X W W H U V U C I R Z O D U Y X
V X N S Y T F W F A S I H Z X B C X H
V N X D E D C X C N G E H L G D S O Z
X R B R K W C C S X M X V V M I S J Z
S G D Y X B A G R A N D C A N Y O N O
R N G E F L X O B E D X L F W B J I R
A F J G Q R L Y Y R S T Z L F G B X I
U Y W B A C Y J P D S T T Z Q R I Y P
A I B M O L O C G U D X B M U Z C B W
M O L S T T D U Y Y M O R Y D V F O B
```

1. Big Wave Surfing
2. Grand Canyon
3. Colombia
4. Hanging Ten
5. Skateboarding
6. Lou Gehrig
7. Appalachian Trail
8. André the Giant
9. Six
10. Lou Ferrigno

BONUS: Nothing but boots—
Challengers dart outside buck
naked, except for footwear.

Page 253

```
P B B Q K F F U Y E L L O W M C Q G E
E B K H D M O A I W E G X N R K F B A
E E U M E O X Z O A Z Z M O X N D B G
K U A T E Z O M R P L A C H I R M U M
L M C U D D Y H N C Y S D D G Q Q Y B
W J Z O S M K K W H F D S H Q E X N G
H X R H R U Q F Y L A J A O W A V I W
I I I Y C X Y D W Z S A H R F H B R A
O R O D T E N N H S C Q B S G J I B A
T B T W V A G U C G I T Y E A S Y U I
M Y E B S N G M U Y N J Y E R W R M G
S O T A I X M U V F A B X T J I Q X K
C T I L T G B M Q C T J I H J R K B J
Z X C L A U P O I C O A T K L M O D U
A Y Q Q I X F G U Y R E E N I X G S X
C R B D D N S W A T P V H P Z N G Y I
V U A K Y H X R J M F Q C J I O I A X
T D E C J Y B Y K Z B A O J P Q F F H
D E B R S O O M A V Y Y R D L M H I E
N V X Z P A I Q M N M N C G C K B T M
V K G K W B M E G S P N O C W S Q I D
N Q F W K T Q M C O E I D T Y F C E T
S S E R D P A R W U V Z L L W C R L H
W P E R C F V K D R C E M V H U J H S
```

1. Mascara
2. Crochet
3. Yellow
4. IZOD Shirt
5. Bikini
6. Cycling
7. Horse
8. Crocs
9. Fascinator
10. Wrap Dress

BONUS: Stitch and bitch

Page 255

```
E Y D L W N F E J X L B E L Y M C A L
S N P X E Q P E R Z X A S P Q B B Q P
S C J R V T R W N N D S U B Q U A Y L
O U Y V B R Y U A O I K K M V T Z Q C
R C Y X Y V D A G J W E F M C P R R E
C O G W P S J W A T D T B N P L T S T
A Y E T N K I A E W C B E A R I V Z N
L S E E H Z D T R K A A W B N K T D F
T B Q K E I L Q D Z W L L D E K J S G
D L L T P C Y I L V T L K D X X S T S
M A S H M F S X A F X M J P I J I I U
B L Z Y M X K N N K L B B N B J O Y F
T B R W W A F C O X C W X K V X F I Y
H B Z R J F Q L R Z X H R W T N A E E
L Q S G V H E V J W B Z H M L Z D A P
J L D B O M W Z O W W L L A B W O N S
G L A R V D P T A Q S L D J G P P O G
E I L B Q A A Z B G F S E O T W P V L
I W I E E P T A T I H C N L K Q L H C
D I S C A S N A D E M C M R N M E K H
U Q D D B V A W Y M D I L P E D H E I
N E D B K E R B E K N V H K P P M V N
O U P U D G W Y Z J F H E G F M E W W
J G B V J O E M O N T A N A D B T S F
```

1. Judd Apatow
2. Snowball
3. Joe Montana
4. Ernie Banks
5. Baseball
6. Jerry West
7. Lacrosse
8. Ronald Reagan
9. Basketball
10. Balk

BONUS: Bowls or lawn bowling—Established in 1733, Bowling Green Park is a landmark in lower Manhattan.

Page 257

```
V G E J P N A D S C S E P Q S V M Y X
C O L U O X K Y Y J S C H U H Z S W G
W E I S H S N V Z A Z D H Z R M F J A
C R M Q U A Z K H U K B B N R O N A X
O R N T G C V C D K W X Z W O V G R Z
H W X F A T E Q H D H J I V G O P E R
V U G U V D L T L Z I F X G Q D I U
G W U B P V K W W H O E Z H H C A L J
J Y P E Q A C X J Z Y I L R U O V N E
K L E C Z A J Q N X A R S G R Z G Z I
Y T T I L W T J Q V O E X E A J Q B F
S W I A S F I W K P B C W E S E M V V
D B O V F L B F A F J V B A U J B D Y
M K J T A T C Z E F J N U X B L H U I
C D X D M Y F O X H U N T I N G T Z T
Y Z F V R C C Q A W O U G J M Z L Z K
E J W A W T N Z G Y R I O Q P Y E U K
X K R C A T A D L K T A C B O B B I N
P M O A Q H M D E I R O N I M K B B U
O A O Y A R P Y H Z K C D Z Y C M M Z
C R S B X S V X P H O L V C S N E A J
D W T U G N Y K Q C L L A P F S P B W
P D E G M F I O F O W J N I K J W K F
J G R U X X C D N J O B W F U G U G Q
```

1. Schnoodle
2. Turkey
3. Eagle
4. Bambi
5. Steeplechase
6. Koala
7. Foxhunting
8. Iron
9. Rooster
10. Bobcat

BONUS: Portuguese water dog

Crosswords

Page 39

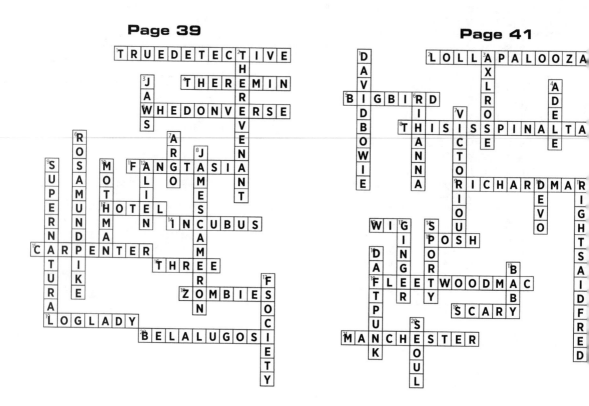

TRUEDETECTIVE
THEREMIN
JAWS
WHEDONVERSE
ROSAMUND
SUPERNATURAL
MOTHMAN
FANGTASIAN
HOTEL
INCUBUS
CARPENTER
THREE
ZOMBIES
LOGLADY
BELALUGOSI
SOCIETY
JAMESCAMERON
ARGO
REVENANT
FLIN
PIKE

Page 41

DAVIDBOWIE
LOLLAPALOOZA
BIGBIRD
AXLROSE
ADELE
THISISSPINALTAP
VICTORIOUS
RIHANNA
RICHARDMARX
DEVO
WIGING
SPOSH
DAFTPUNK
FLEETWOODMAC
SPORTY
BABY
SCARY
MANCHESTER
SOUL
RIGHTSAIDFRED

Page 43

JOHNCAZALE
TOMHANKS
TANGIERS
THEOC
BOYHOOD
CHRISTOPHERLEE
KATEMOSS
KATYPERRY
SYBIL
HAWAII
GOO
WARNER
JAMESEARLJONES
SEINFELD
EDITH
BAYSIDEHIGH

Page 45

PENNY
SARAHPALIN
BOTTLEROCKET
THEWILDONE
HAND
JAYZ
BEYONCE
WALLACE
COMICCONE
TMZ
ZAYM
GRUNGE
GOODFELLAS
BALLROOM
FURBIKINI
BRAZIL
FOURTH
SKATEBOARDING
DUNDERMIFFLIN

Page 47

HOWARDSTERN
BARRYMANILOW
STARSEARCH
JIMBO
LUIGI
KEARNEY
SONSOFANARCHY
THETWIST
DANICAPATRICK
RAMONES

FEARLESS
RODOLPH
PARTYOFFIVE
BILLAGIO
GRUMPYCAT
RADIOGAGA
JOHNMAYER
QUAHOG
CHOPPE
BUGSBUNNY
EDDIE
SHEETAR

Page 83

POCAHONTAS
STHONORE
NEWTON
MADISON
NOBELPEACEPRIZE
CARTER
COCOCHANEL
SHAKA
BENJAMINFRANKLIN

GALILEO
MICHELLEOBAMA
HUGOCHAVEZ
BENAZIRBHUTTO
BUCHANAN
POLK
HEDYLAMARR
GARFIELD
NELSONMANDELA
JASONWU
MONRO

Page 85

Page 87

Page 89

1 DUKEELLINGTON
2 TEDTURNER
3 PORTUGAL
4 MEXICO
5 BUENOSAIRES
6 CANADA
7 DALAILAMA
8 BLOOMERS
9 CHANCELLOR
10 APPLE
11 CORKS
12 SIX
13 EBOLA
14 CHICAGO
15 SAINTPETER
16 TURTLE
17 VELVET
18 ARTHURASHE
19 HONGKONG
20 GOLD

Page 91

1 TONYBLAIR
2 RONALDREAGAN
3 GERALDFORD
4 WOODROWWILSON
5 MCDLIII
6 DOLLEYMADISON
7 UNITEDSTATES
8 PHILIPREID
9 BEIJING
10 BORISYELTSIN
11 YUGOSLAVIA
12 NERFBALL
13 FRANZJOSEPH
14 MEXICO
15 SOCKS
16 UNCLESAM
17 JELLO
18 HARVARD
19 ANNEFRANK
20 CANADA

Page 127

STEPHENKING

LEWISCARROLL

MAYAANGELOU

TURN

ANNIHILATION

BOYSLIFE

EUSTACETILLEY

THEGOLDENBOUGH

UNITEDKINGDOM

Down/crossing words: WJETER, PURPLE, CALVINANDHOBBES, ESQUIRE, DIE, THEONOCT, ROALDDAHL, RIGGI, CHARLESDICKENS

Page 129

JACKSONPOLLOCK

DELAWARE

SLEEP

FABIO   LEAD

LOUVRE

ANNEGEDDES

STANLEYKUBRICK

CLOCKS

TACOS

HOUSEOFCARDS

Down/crossing words: PHOTOGRAPH, KINKADE, SCRABBLE, SHEPARDFAIREY, LIPSTICK, CANVAS, BANKSY, WIMARANE, GOUACHE, LMO

Page 131

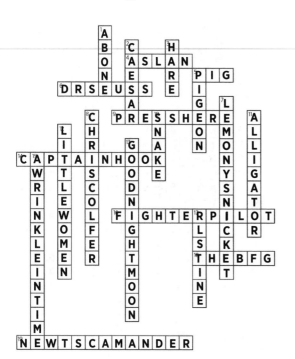

Page 133

Page 135

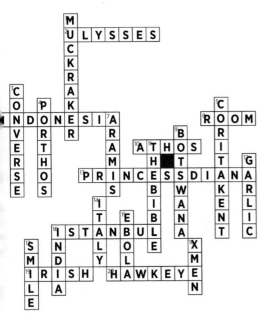

Page 171

Page 173

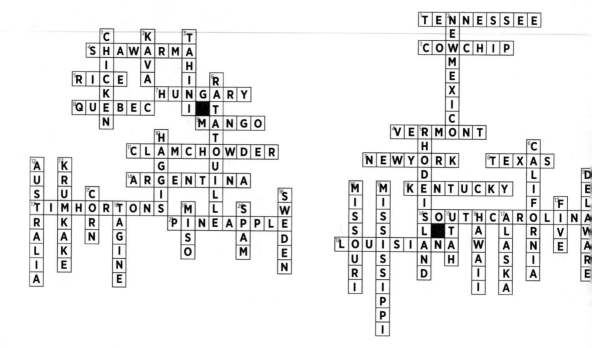

Page 175

Page 177

Page 179

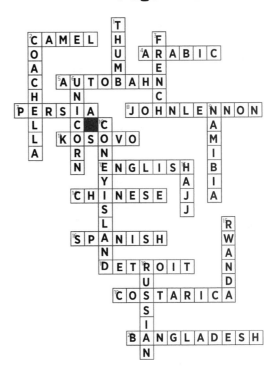

Page 215

Page 217

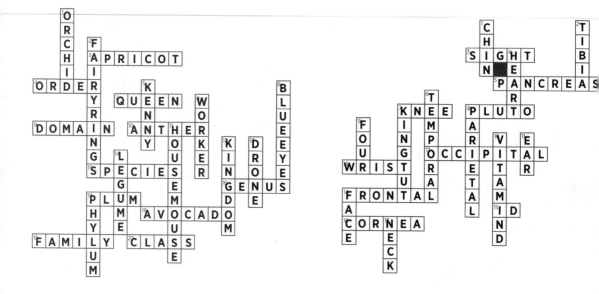

Page 219

SPACEX

CHINA

SATURN MARS LAIKA

ENTERPRISE

DRAGON JUNO OZONE

NORTHSTAR NEPTUNE

DRONE NASA SIRIUS

HEIGHTS

CANOPY

PHILADELPHIA

GALILEE

URANUS

CURIOSITY

Page 221

WOO CHRYSLER

WEIBO

TUESDAY

SIRI KICKSTARTER

VINEGAR SALT

HALOGEN

GEORGE PACMAN LAVA

FINGERPRINT TETRIS

CHOLESTEROL

INSECTS

SCORUNDU

APPLE

VIAGRA

PARIS

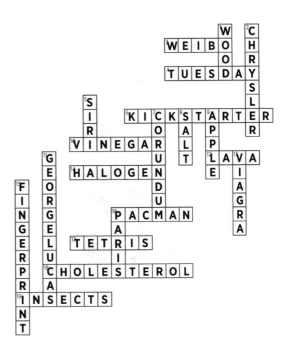

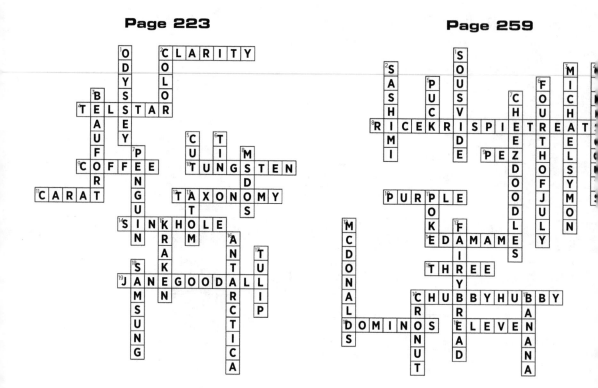

Page 223

Page 259

Page 261

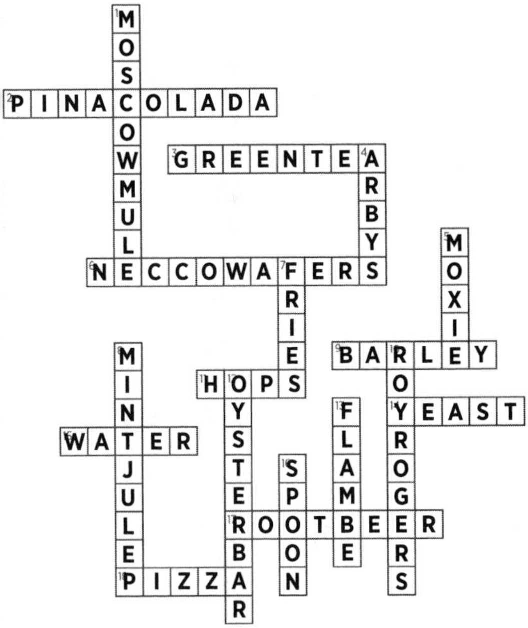
MOSCOWMULE
PINACOLADA
GREENTEA
ARBYS
MOXIE
NECCOWAFERS
FRIES
MINTJULEP
BARLEY
ROYROGERS
HOPS
OYSTERBAR
FLAMBE
YEAST
WATER
SPOON
ROOTBEER
PIZZA

Page 263

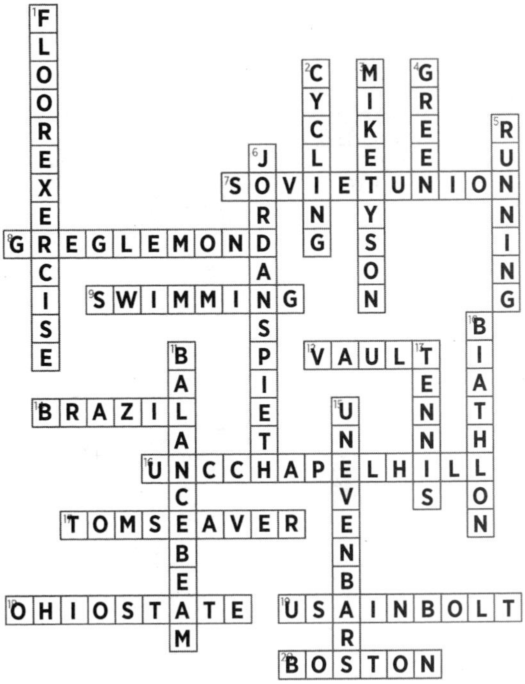
FLOOREXERCISE
CYCLING
MIKETYSON
GREEN
RUNNING
JORDANSPIETH
SOVIETUNION
GREGLEMOND
SWIMMING
BIATHLON
BALANCEBEAM
VAULT
TENNIS
BRAZIL
UNEVENBARS
UNCCHAPELHILL
TOMSEAVER
OHIOSTATE
USAINBOLT
BOSTON

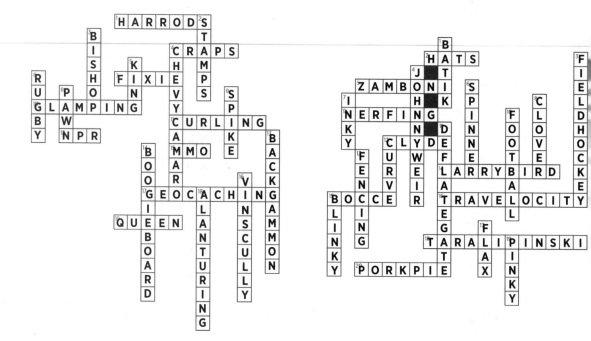

Page 265

Page 267